ANGY FERNÁNDEZ

BONITO DESASTRE

Cuando los focos se apagan
y te quedas contigo

Papel certificado por el Forest Stewardship Council®

Primera edición: octubre de 2024

Printed in Spain – Impreso en España

ISBN: 978-84-666-7826-1
Depósito legal: B-12.820-2024

Compuesto en M. I. Maquetación, S. L.
Impreso en Gráficas 94, S. L.
Sant Quirze del Vallès (Barcelona)

BS 7 8 2 6 1

A mi madre, Dori

Maybe I will never be
All the things that I want to be
Now is not the time to cry
Now's the time to find out why
I think you're the same as me
We see things they'll never see
You and I are gonna live forever

OASIS, «Live Forever»

It's times like these you learn to live again
It's times like these you give and give again
It's times like these you learn to love again
It's times like these time and time again

FOO FIGHTERS, «Times Like These»

Índice

Prólogo

Hola, bonita persona. No sé si voy a cumplir tus expectativas, y te pido perdón por adelantado porque así lo siento (Javier Coronas me dijo hace un tiempo que dejara de pedir tanto perdón…).

Este no es un libro de autoayuda, ni una novela ni un poemario. Podría decirse que sí es una biografía, unas memorias tempranas, un diario…, en definitiva, mi vida, que con solo treinta y tres años ha sido como un huracán.

Antes de empezar a contártela, quiero dejar claro que no soy psicóloga (es obvio que no), pero sí voy a hablarte, desde mi experiencia personal, de algunos momentos en que no lo he pasado bien… No obstante, también contaré cosas buenas, porque la vida es eso. No pretendo dar lecciones, pero sí consejos a partir de lo que a mí me ha ayudado y que tal vez a ti también te pueda resultar útil (¡ojalá!); o tal vez no, porque cada persona es un mundo, pero seguro que a alguien le pueden venir bien las cosas que he aprendido durante estas vivencias.

Cuando me propusieron escribir este libro, de entrada lo descarté sin dudarlo. «¿Quién te crees que eres para escribir un libro?», fue lo primero que pensé. Síndrome del impostor activado. También lo tengo como actriz y, por lo que he hablado con algunos compañeros de profesión, es algo demasiado común entre nosotros.

Pero, tras meditarlo unos meses, me he lanzado. Hay oportunidades en la vida que no hay que dejar pasar, y disponer del espacio para contar con palabras mi vida es una de esas. Ya bastantes límites me he puesto yo sola durante toda mi vida.

Tengo miedo a los titulares amarillistas, al *clickbait*, a las críticas destructivas..., pero hay que aprender a vivir con ello.

Siento que esto va a ser sobre todo un diario, porque cuando empecé a escribir estaba de una manera y hoy me siento de otra. Porque sigo batallando con mis demonios y conmigo misma, y hay días que blanco y otros que negro. No quiero mentir ni teñir mi vida de color de rosa o de verde esperanza. Tampoco tengo la intención de teñirla de negro, aunque mi cabeza se empeñe en eso. Aunque también debo decir que me gusta mucho el color negro y que un poco adicta al drama sí que soy. Puede que esté en mis genes, por la importancia de nuestros antepasados y principalmente por nuestros familiares más cercanos. Todo lo que han vivido y sentido tus padres posiblemente lo sientas tú.

Creo que tengo muchas cosas que contar. Y qué mejor que contarlas ahora, ya que no sé qué pasará mañana.

Muchas y muchos estamos acostumbrados a la montaña rusa, una atracción en la que pasas miedo, te mareas, sientes euforia, quieres repetir sensaciones, otras las evitas, caes en picado, vuelves a subir, te das golpes con el traqueteo… La vida no iba a ser menos. La vida es caótica. Mi vida ha sido un poco caótica, sobre todo cuando mi mente ha decidido que así fuera. Tengo la casa completamente ordenada, como buena virgo, pero la mente cuesta tenerla organizada, aunque con la edad y con ganas eso puede cambiar.

Caos. Desastre. Orden. Desorden. Felicidad. Tristeza. Así es mi vida y así es mi mente, como un *bonito desastre*.

Gracias por querer leer mi historia.

Los vínculos. Mi padre, mi madre y mis primeros años

Mamá y Papá en Mallorca cuando eran novios.

Año 1990. Mis padres no se esperaban ese embarazo, pero siguieron adelante con él. Mi hermana Irene tenía once años y le hacía mucha ilusión tener una hermanita o un hermanito.

Mis padres no estaban en su mejor momento. Mi padre era un hombre atormentado y yo fui un regalo (lo he leído en sus poesías) que aportó luz a la oscuridad que anidaba en su cabeza.

Entre varios cambios de casa que yo no recuerdo, hay pruebas que demuestran que fui un bebé feliz. Durante mis tres primeros años de vida pasaba la mayor parte del día con mi padre, porque mi madre trabajaba y él estaba de baja. Tenía una cámara de vídeo, una guitarra y a su hija pequeña, que no paraba quieta. Veo esos vídeos y escucho su risa, su paciencia conmigo. Minutos y minutos cámara en mano grabando cómo jugaba. Era un hombre nervioso, pero parecía que encontraba algo de paz cuando me cuidaba.

Hablo de él en pasado porque mi padre falleció cuando yo tenía nueve años.

Papá ♡

Con mi padre, bien abrigada con su pelo en pecho.

En 1993 mis padres se separaron. Mi madre decidió poner fin a su matrimonio porque era evidente que mi padre no era capaz de cambiar su manera de hacer o de pensar. Ella lo intentó, pero quería que sus hijas crecieran en un entorno sano, así que al principio nos fuimos a vivir con los abuelos y después tuvimos nuestra propia casa.

Mi padre estaba enfadado con un mundo injusto: no confiaba en la policía (aunque él había sido miembro del cuerpo) ni en la justicia. Sentía miedo del mundo en el que iban a vivir sus hijas. Sentía también que había fracasado y que lo único bueno de su vida éramos nosotras tres.

Todo esto lo sé por los poemas y canciones que dejó escritos de su puño y letra. Cuadernos y más cuadernos, firmados y fechados, que me permiten conocerle un poco más, porque yo no pude convivir con él,

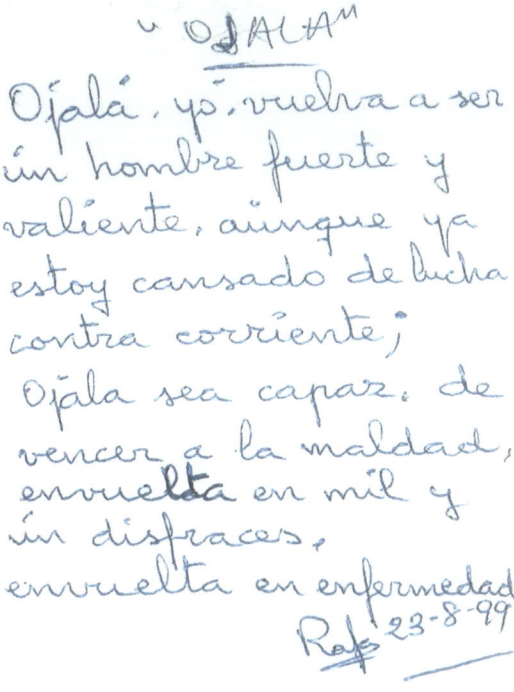

Uno de los muchos poemas de Papá.

compartir momentos, conversar y preguntarle por su vida, pedirle consejo… Ni tampoco tuve la oportunidad de entender su sufrimiento.

Para entender un poquito mejor mi historia, tengo que hablar de la historia de mis padres. El camino del autodescubrimiento, del entendimiento, requiere conocer de dónde venimos.

Mediados de los años setenta. Mi madre, Dori, nació en Palma de Mallorca, aunque mis abuelos eran de Albacete. Mi padre, Rafa, nació en Madrid y mis abuelos paternos eran de Huelva; después de pasar un tiempo allí, también decidieron irse a vivir a Palma de Mallorca.

Mis padres se conocieron en una discoteca con veintidós y veintiún años. Mi padre le pidió bailar con insistencia a mi madre, especialmente en las canciones lentas. A ella, que además era tímida, pues no le apetecía mucho, pero él le entró con mucho morro y atrevimiento. Finalmente, después de mucha insistencia, mi madre le dijo que solo bailaría con él en una canción animada.

De vuelta a casa, ellos y sus respectivos grupos de amigos iban en el mismo bus. Mi padre no paraba de mirarla (mi madre era, y es, muy guapa) y le pidió salir. Unos días después tuvieron su primera cita.

Se casaron tres años después.

Mi padre era policía y, justo después de casarse, le destinaron a Bizkaia. Mi madre dejó su trabajo en una farmacia y le acompañó hasta allí, como se estilaba en esos tiempos. (Ella ya me ha dicho que nunca renuncie a un trabajo por un hombre. Y no lo haré).

Mi madre, Dori, Adoración,
cuando daba clases de guitarra.

Empezaron su vida juntos en Getxo, más unidos que nunca, pero ya comenzaron con turbulencias. Eran jóvenes, estaban enamorados y su sueño era formar una familia y poder volver a Mallorca.

Y la vía más rápida para que te destinaran a Palma de Mallorca, o para elegir un lugar de destino, era pasando primero por Bilbao, donde hacían falta policías. Estoy hablando del año 1977, creo que no hace falta que diga mucho más. De manera que pensaron que lo mejor era pasar un tiempo allí, a pesar de la peligrosidad y así poder volver cuanto antes a la isla de la calma. Pero no eran tiempos de calma.

Mi madre sentía miedo cada vez que él se iba a trabajar y a él le pasaba lo mismo: no sabía si ese día le iba a tocar a él. No podía decir que era policía ni dónde vivían, así que se inventó que trabajaba en Telefónica, que era librero… Se inventaron una vida.

Tenía el uniforme siempre escondido y, por ejemplo, había que tenderlo dentro de casa, pues no sabías si tu vecino podía estar involucrado en la banda terrorista.

Hay una historia que cuenta mi madre y aún hoy intento contener las lágrimas al escucharla. La mañana del 20 de noviembre de 1978, mi padre no tenía que ir a trabajar, pero sí debía pasar a recoger unos papeles para poder volar a Mallorca a la comisaría principal de Bilbao, en Basauri, aunque no era la suya. Así pues, le tocó ir uno de los días en que ETA había planificado un atentado.

Eran poco más de las once de la mañana, y mi madre, como cada día, estaba haciendo sus labores y escuchando la radio. De repente:

«Atentado en la comisaría de Basauri, donde varios terroristas armados con ametralladoras han disparado a los policías que allí se encontraban jugando al fútbol…».

En ese momento se le paró el corazón y le temblaron las piernas.

A mi padre le encantaba el fútbol…

«Ya está. Se ha puesto a jugar al fútbol y me lo han matado», pensó.

Bajó a la cabina de teléfono y llamó y llamó y llamó, pero nadie respondía. Todos los familiares de los policías de la comisaría debían de estar haciendo eso en ese mismo instante. Así que subió a casa, siguió escuchando la radio…

«Varios heridos y dos policías MUERTOS».

¿Sería él?

Bajó a la cabina de nuevo. Sin respuesta.

Subió de nuevo a casa a escuchar la radio.

Y vuelta a la cabina.

A saber cuántas horas estuvo así. Finalmente, obtuvo respuesta.

—Mi marido… Por favor… Ha ido a recoger unos papeles.

—Tranquila, señora… Tranquila, dígame el nombre…

—Rafael Fernández…

—Rafael Fernández está bien. No está herido, pero ahora mismo no puede salir nadie de la comisaría. No sabemos si será esta noche o mañana, pero está bien.

Menudo infierno.

Infierno para las familias, para el pueblo vasco, para los policías…, infierno para mis padres. Con veintitrés años, mi padre vivió algo que hizo que nada volviera a ser igual.

En Getxo estuvieron más unidos que nunca. Se amaban, pero el amor no lo cura todo.

Foto de carnet de mi padre cuando era policía.

Mi madre se quedó embarazada de mi hermana Irene y a ella le hubiera gustado llamarla Naiara o Ainhoa, pero mi padre estaba ya traumatizado y no quería ponerle un nombre vasco a su hija. De hecho, quería que Irene naciera en Mallorca. Quería que mi madre se sintiera a salvo y rodeada de la familia, así que la mandó de vuelta a Mallorca, pero mi padre no viajó con ella.

Y ese tiempo que pasó solo fue clave. Un mes después, mi madre voló de regreso a Bilbao con Irene. Tras todo el tiempo que llevaba viviendo allí solo, para ella se hizo evidente que había ido empeorando psicológicamente. Así que le enviaron al psiquiátrico para militares de Ciempozuelos, en Madrid, donde estuvo ingresado cerca de dos meses.

Finalmente, le dieron la baja permanente porque le diagnosticaron el llamado «síndrome del norte». En 1980 volvieron a Palma: mi hermana ya tenía nueve meses.

Un pequeño paréntesis. El síndrome del norte es un trastorno psicológico que afecta a los miembros de las Fuerzas de Seguridad del Estado que se encuentran —o se han encontrado— destinados en el País Vasco, debido a la tensión tan extrema a la que estaban sometidos durante los años de actividad terrorista de ETA. La exposición a todo aquello que simboliza o recuerda algún aspecto del suceso suele provocar un aumento de la activación, que se pone de manifiesto por alteraciones del sueño, irritabilidad, explosiones de ira, respuestas exageradas de sobresalto o hipervigilancia.

Este trastorno afecta especialmente al entorno familiar de convivencia porque en muchas ocasiones se acompaña de la sensación de distanciamiento o extrañamiento respecto a los demás, con una restricción de la vida afectiva, la incapacidad para mantener experiencias amorosas, la sensación del acortamiento de la vida con la anulación de planes y proyectos personales de futuro.

Este constructo no se refiere a un trastorno psicológico concreto, sino a un conjunto de ellos, principalmente y por este orden, trastornos depresivos, de estrés postraumático, de ansiedad y de personalidad...

Mi padre ya venía con traumas de casa. Mi abuelo paterno falleció cuando él tenía catorce años y no trataba bien a mi abuela. Mi abuelo consumía alcohol y tabaco, y falleció bastante joven de un cáncer de garganta. Antes de entrar en la policía, mi padre era panadero: hacía panes y ricas ensaimadas. No sé muy bien cómo llegó a ese oficio, pero le gustaba. Lo que dejó de gustarle cuando se enamoró de mi madre era trabajar de noche y llegar a casa cuando ella se iba a trabajar. De manera que quiso buscar una opción en la que pudieran verse más. Cuando estaba haciendo la mili, tantearon a varios reclutas para que hicieran las pruebas para policía. Le hicieron un test psicológico a mi padre que determinó que no era apto para entrar en la Legión, pero, en cambio, sí que pasó la prueba para entrar en la Policía Nacional.

Hablar de este tema me produce tristeza. Tristeza por lo que vivieron mis padres, una tristeza que creo que no se ha sanado, que llevo dentro de mí y que aparece prácticamente todos los días. Sin motivo alguno, me siento triste. Estoy en un proceso de aceptación. De aceptar que mi familia vivió cosas feas y que la vida es así. En todas las familias pasan cosas, no con el mis-

"Amistad"

Han pasado ya 6 años
desde que serví a la ley,
según así la entendía,
así serví, yo a mí rey,
Paz, y en ella libertades,
derechos que proclamar,
progreso, el desarrollo,
todo aún por conquistar;
Esos diez años que estuve,
en lo que llaman policía,
comprendí que no servía,
que no era mi meta y mi vida;
Pero, guardo el recuerdo,
de gente con gran corazón,
que debe sufrir en silencio,
a veces la indefensión;
Ardua, difícil, valiente,
suele ser esa labor,
yo, no os tengo en el olvido,
aunque en mí aún hay dolor.

Rafa 2.4.92

mo nivel de gravedad, pero sí, debemos reconocer que todos tenemos lo nuestro, y hay que aceptar que es lo que hay y seguir adelante.

Me siento muchas veces como una niña pequeña que necesita amor y protección, pero ya tengo treinta y tres años y quiero ser la mujer que realmente ya soy. Toda esa lucha está dentro de mí, pero la niña gana.

Y yo quiero cuidar a esa niña interior y decirle que todo está bien. De hecho, se lo digo.

Hoy no me encuentro muy bien y me cuesta hablar de todo esto y ver las fotos de mi familia. Echo de menos a mi madre, que está en Mallorca. Tengo un problema de apego con ella, con mi pareja... No me gusta estar sola en casa, aunque tengo a mi perro aquí tumbado a mi lado. No me gusta estar sola porque pienso demasiado. Estoy en un momento de sanación y transformación. De aceptación y liberación.

Quiero trascender y liberar el dolor de mis padres, algo que estoy tratando en terapia. He hecho terapia cognitivo-conductual muchos años y ahora estoy con una terapia más alternativa. Sé que en la seguridad social no te dejan elegir demasiado el tipo de terapeuta y que hay mucha espera porque hay pocos profesionales de la salud mental. (Esto tiene que cambiar: no todo el mundo puede permitirse pagar el psicólogo, aunque también hay una gran mayoría que no quiere). He ido probando terapias alternativas y holísticas, coaching e incluso me he planteado hacer constelaciones familiares. Si no has oído hablar de ello, y te resuena en tu interior, te recomiendo que busques información porque dicen que es muy transformador. Para mí, todo es complementario y hay personas que pueden darte información más profunda, más especial.

En fin, lo que quiero decir es que más allá de cuál

sea la mejor solución si tienes algún problema de salud mental —como ya dije, no soy psicóloga—, si necesitas ayuda, como yo muchas veces la he necesitado y sigo necesitando, por favor, no dudes en pedirla.

Me gusta probar, ir más allá, descubrir más cosas de la familia y así conocer de dónde vienen los traumas o esa tristeza, que a veces siento que no me pertenece.

Tengo que decir que, a pesar de encontrarme sin ánimos y sin motivación alguna ahora mismo, estoy orgullosa de querer crecer, de estar en el camino, de atreverme a escribir sobre esto. No me avergüenzo de mí, aunque sí me culpabilizo por esta sensación, porque la vida son dos días y no quiero pasarme uno de ellos mal. Estoy en el camino de aprender a disfrutar de la vida y de quitarme cargas, aunque tengo muchos miedos. Mi padre tenía miedo, mi madre también… Pero ¿cómo no iban a tenerlo?

Es una carga pesada y no la quiero soportar más. Pero esto no consiste en decir «No la quiero más» y obviarla, pues todo está ahí, en tus genes, en tu constelación, y no creo que negarlo sea la solución. Hay que aceptar y abrazar para sanar. Perdonar.

Me duelen las cervicales, la espalda, el estómago… Es algo bastante recurrente, pero sé que ya es momento de liberarme. Sé que falta poco.

Hace un par de años me ingresaron en un hospital de Málaga, donde estaba trabajando, por un dolor muy fuerte en el estómago. Pensaban que era apendicitis. Resultó ser ileítis, una inflamación del íleon, una parte del intestino delgado. El doctor me dijo que debería seguir haciéndome pruebas para ver si tengo la enfermedad de Crohn. Aún no me la han diagnosticado, y siento que no es lo que yo tengo, aunque dicen que esta enfermedad se diagnostica pasado mucho tiempo. Las personas que la sufren lo pasan realmente mal. Hay momentos en los que voy más a menudo al baño y tengo que ir corriendo; vaya, en plan que me entran sudores y todo. No me voy a poner escatológica, aunque en mi día a día suelo hablarlo con naturalidad. Todos defecamos (qué fina me he puesto).

Lo impresionante es que esas ocasiones en las que mi estómago ha reaccionado de una manera u otra estén relacionadas con momentos de estrés. Cortisol por las nubes. Sin duda, este es un tema que da para hablar y debatir largo y tendido, pero está comprobado que el estómago es nuestro segundo cerebro, y creo que todos los que padecemos algún tipo de problema en el estómago deberíamos, aparte de ir al médico y cuidarnos, acudir también a un buen o una buena terapeuta.

No sé si habréis oído hablar de la biodescodificación. Es una terapia alternativa y totalmente complementaria a la medicina tradicional, que intenta encontrar el significado emocional de las enfermedades para buscar a partir de ahí la forma de sanar. Creo en que las emociones no procesadas afectan a la salud y también creo en la medicina. Todo lo que os cuento, como ya os he dicho, viene de mi experiencia personal. Si os sentís estancados, estancadas, desesperados o desesperadas y queréis probar con otra cosa, yo os dejo esta información porque a mí me ha ayudado, y si os vibra, podéis investigar un poco más. En la vida deberíamos ayudarnos los unos a los otros.

Aquí con mi hermana mayor, Irene.
Once años más de vivencias y experiencias.

Una infancia de barrio.
La noticia más triste de todas

Selfi en el balcón de casa.
Detrás, la plaza donde jugaba.
¿Inventé yo el selfi?

Yo tuve una infancia muy de barrio: salía mucho a la calle, le pedía dinero a mi abuela para comprar chuches cuando me la encontraba en el banco con sus amigas hablando, jugaba al bote bote, bajaba el radiocasete a la plaza para inventar coreografías con canciones de las Spice Girls...

En el barrio me juntaba con todo tipo de gente, a veces con los amigos de mi hermana, porque ella tenía que quedarse conmigo cuando mi madre trabajaba. Me hacían reír. Recuerdo el suelo lleno de cáscaras de pipa y el olor a porro.

Luego estaba el grupito de gente más joven, que era al que yo intentaba pertenecer. Era un poco más pequeña que ellos, y para colmo, aparentaba muchos menos años que los que tenía, pero intentaba que me aceptaran. Había algún chico y alguna chica que me trataban normal, pero no siempre era así. Yo era muy bajita, muy niña aún, y tenía mala leche, algo que hacía gracia pero también era motivo de burla.

La mayoría del grupito eran chicos (siempre me he juntado más con ellos), aunque la verdad es que se reían de mí y me hacían rabiar. Me volví malhablada, imitaba a los chicos: por ejemplo, escupía en la calle. Cuando lo hice una vez delante de mi madre, ella no daba crédito…

Era una niña nerviosa y espabilada, y eso no les gustaba mucho a los padres de mis compañeros de clase; la mayoría de ellos eran más tranquilos que yo y no se juntaban con la gente del barrio. Así que los padres de las niñas de mi clase se pusieron de acuerdo entre sí y prohibieron a sus hijas ir conmigo. De manera que, más de una vez y más de dos, y durante un periodo bastan-

Uno de mis cumpleaños.
Yo invitaba a todo el barrio.

te largo, no me invitaron a sus cumpleaños. Por aquella época todavía se repartían las invitaciones en clase... Entiendo que les asustara a veces mi lenguaje. Mi madre, por ejemplo, no podía comprender que yo me hubiera convertido en una máquina de decir tacos. También cogía las revistas para adolescentes de mi hermana y leía cosas que no eran para mi edad. Luego llegaba al día siguiente a clase y las contaba. Hablaba de orgasmos, de sexo oral, de cuernos..., y no tenía ni idea de qué era nada de todo eso. Aquello era un despropósito en toda regla y supongo que en parte también una provocación. Una llamada de atención.

Los niños actúan por imitación, y eso no lo copiaba de mi madre, que siempre ha sido muy educada.

Cada domingo alquilábamos una película, a veces incluso los sábados. Me encantaba ir al videoclub a elegirla, luego comprábamos unas chuches... Siento nostalgia al pensar en todo eso. Qué fácil lo tenemos ahora para ver todo lo que queramos, pero, en mi caso, veo casi menos cosas que antes. Me gustaba lo especial que era poder elegir solo una o dos películas, saber que no tenías otra cosa que ver y disfrutarlas.

Bueno, el caso es que uno de esos domingos alquilamos *Full Monty*... Con una niña que actúa por imitación. Imagínate. A los pocos días, en clase, la profesora salió un momento, y yo empecé a hacer un *striptease* con la canción de *Full Monty* y enseñé mis braguitas. Mis compañeros y compañeras se lo contaron a la profesora, a sus padres…

Ángela es una guarra.

La profesora llamó a mi madre y, para sorpresa de esta, no lo hizo para castigarme o para darle una lección; si no para informarle de lo que había pasado y para decirle que era una niña muy espabilada y me gustaba mucho llamar la atención, así que, simplemente, le dijo que tuviera cuidado con lo que imitaba, porque algunos padres se habían quejado de mí, aunque ella no lo veía para tanto.

Mariluz, gracias.

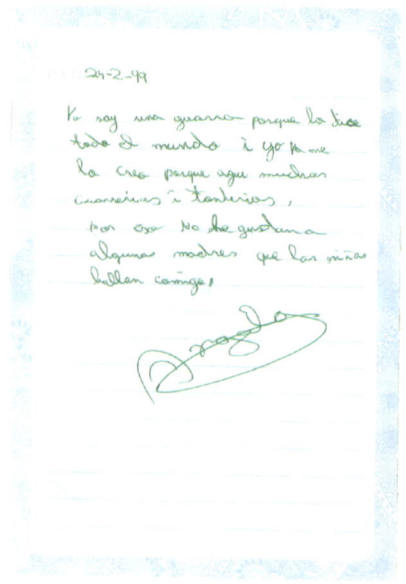

Una página de mi diario.

A veces, este trato por parte de padres y compañerxs me hizo pasarlo muy mal, pero más adelante encontré amigas entre las niñas de la otra clase y en la gente del barrio, así que, de verdad, no necesitaba a nadie más.

Me gustaba mi barrio. Me gusta ser de barrio.

En una de las excursiones del colegio me llevé la cámara de carrete. Esta foto me la hizo una niña de otra clase. Siempre estaba riéndome. Y muy fuerte.

Para darle salida a mi exceso de energía, y para alejarme de los problemas familiares que nos rodeaban (que no eran pocos), mi madre decidió apuntarme a clases de teatro. No entraré en detalles por respeto a los y las implicadas; mi madre hizo todo lo posible para protegerme, para que estuviera entretenida y para que intentara empaparme lo menos posible de lo que estaba pasando. No solo en mi núcleo familiar, sino también fuera de él, estaban sucediendo una serie de cosas traumáticas, tanto por la parte materna como por la paterna. Solo quiero decir que mi hermana no lo tuvo fácil y, por ende, mi madre mucho menos. Al final se lo comía todo ella. Siempre ha querido protegernos y hacer lo mejor para nosotras. Entonces, como digo, mi madre me apuntó a clases de teatro, que tenía después del comedor del colegio. Y así fue durante cinco años. Probé baile, ballet, capoeira, gimnasia rítmica, flamenco…, pero lo que más me gustaba era hacer el payaso. Sentía que en el teatro estaba mi lugar. Y me llevaba muy bien con mis compañeros y compañeras.

Con nuestro profe de teatro y mis compañeros Ángel, Astor y Mar.

Haciendo una función en el teatro municipal de Palma. Recuerdo que tenía un papel muy divertido y la gente se reía mucho conmigo. Hacía de diosa de todos los niños del mundo. Solo recuerdo esta frase en mallorquín: «Sóc la deessa de tots els nins del món».

En las clases de teatro que daba mi profesor Joan, hice una de esas amigas que te marcan para siempre: Noa. Los sábados, su madre nos llevaba a otro curso de teatro en un centro que ofrecía una formación más especializada.

La madre de Noa, Lola, decía que yo iba a ser artista. Creo que mi madre también pensaba lo mismo, pero no lo alentaba porque pensaba en mi futuro, en mi estabilidad. Y, mientras tanto, yo tenía la idea de que de mayor no te podías dedicar a algo que te encanta ni tampoco a hacer el payaso.

Aquí con mi amiga Noa en su casa,
en uno de los muchos días de verano en que
me quedaba a dormir allí. Era el único sitio,
aparte de mi casa, donde conseguía dormir.

Cuando me preguntaban, yo siempre decía que quería ser veterinaria o profesora... Aunque, bueno, en realidad quería ser astronauta, como Punky Brewster, pero se me daban fatal las matemáticas. En el instituto tenía de optativa Astronomía, y me encantaba, pero me resultaba dificilísima.

Recuerdo ver la serie *Compañeros* escondida detrás del sofá del salón de mi casa, pues mi madre ya me había mandado a la cama, ya que al día siguiente había colegio. Pero me pillaba siempre. Quién iba a decir que, años después, iba a hacer una serie parecida a aquella que tanto me gustaba.

¿Ley de la atracción, casualidades...?

Siempre me encuentro en la encrucijada de creer o no en estas cosas, pero, sinceramente, tengo comprobado que cuando quieres algo con mucha fuerza, sucede. Para bien y para mal, así que no pongas toda tu atención en las cosas negativas. Consejo de amiga. 😉

En esta época veía a mi padre los findes. Me llevaba al campo, me compraba juguetes y, cuando estábamos juntos, cantábamos mucho. Pero no le sentía muy cerca...

El 7 de abril del año 2000 me dieron la peor noticia del mundo. Mi padre había fallecido de un cáncer de pulmón y de un tumor cerebral.

Por entonces hacía mucho que mis padres ya no estaban juntos. Además, él tenía una novia que tampoco estaba muy bien. Tengo la imagen en mi cabeza de ir con mi madre a casa de mi padre después de su muerte y encontrárnosla toda llena de cagadas porque Rocky, el perro de mi padre, había estado solo varios días y ella, aun habiéndonos dicho que iba a encargarse de él, no lo había hecho. Esa imagen desgarradora, de dejadez, con la casa así..., fue muy triste.

Quien estuvo ahí ayudando a mi padre fue mi madre. Hasta el último de sus días.

Mi padre tenía cuatro hermanos, dos en Alemania y dos en Mallorca, que también iban a verlo. Mi hermana, que ya tenía veinte años, iba a menudo a hacerle compañía. A mí no me dejaban ir tanto, lógicamente. Pero quien le limpiaba las babas en sus últimos días (palabras de mi primo José Luis) y nunca le dejó solo fue mi madre.

Ojalá me hubiera podido despedir de él. Lo he hecho a través de una carta, aunque siempre siento que lo tengo cerca y que nos está protegiendo de alguna manera. Así que no fue una despedida del todo…

Soñé con él. Después de que se fuera, soñé que mi abuela María, la madre de mi papá y que había fallecido algo antes, me llamaba a casa para decirme que todo iba a estar bien. Yo volvía a la cama y mi padre estaba en la ventana del cuarto de mi madre (había empezado

"Universo Misterioso"

Hoy he tenido un sueño, de un padre ilusionado. Estaba en un planeta con miles de padres hablando, uno me hablaba de guerra, otro me hablaba de la Paz, otros de armonías celestiales, no sabía a quién escuchar, yo quise hablarles de amor y decían que era sexo, que los jóvenes buscaban eso, y de repente del sueño bruscamente desperté y bajé al planeta Tierra y volví a sentir a Dios,

Cuantos Soles hay en el cielo, cuantas estrellas en el firmamento, nunca ha habido nadie, nadie que haya podido saberlo;

Nunca dudéis en buscar la estrella que os está esperando, de noche estáis en ella y ella luz os está dando.

Rafa   4-3-2000

Poema escrito por mi padre un mes antes de fallecer.

a dormir con ella todas las noches) y se despedía diciéndome adiós con su mano y con la venda en la cabeza, la misma que le pusieron después de su operación y tal como lo recordaba de la última vez que le vi.

Mamá, siento mucho que al leer esto vuelvas a recordar algo tan traumático, pero quiero que todos sepan qué madre tan increíble tengo. La persona más buena y generosa que jamás he conocido. Tanto, que se ha olvidado de su felicidad por los demás, cosa que no se debería hacer. Pero ya no hay vuelta atrás. Quiero que vivas y disfrutes de la vida.

Mamá nos ha hecho la vida más fácil a todos los que tenía a su alrededor, hasta el punto de dejar su bienestar a un lado. Ojalá hubieras sido más feliz y hubieras podido disfrutar más de la vida y vivir sin tanto miedo, aunque no eres ninguna cobarde. Es lógico que tuvieras miedo. No ha sido fácil para ti.

Siento mucho haber sido un dolor de cabeza para ti, otra preocupación más. Siento mucho no haber podido tener más fuerza y más recursos para gestionar mis emociones. Tiene que ser muy duro escuchar a tu hija decir que no quiere vivir, y verla adelgazar, triste, decaída, ida…

Me salvaste y lo sigues haciendo y prometo estar a la altura cuando tú me necesites. Pero, cuando eso pase, dínoslo; no siempre hay que hacerlo todo sola.

Al hablar en terapia de mi padre, una de las cosas de la que tomé conciencia es que su manera de vivir era autodestructiva.

Huir. Escapar. Autodestrucción.

Esta es una manera más de acabar con tu vida, no tan rápida como otras, pero con el mismo resultado.

Cuando fui al cine a ver *La ballena*, donde Brendan Fraser encarna a un obeso fruto de una depresión profunda —no se menciona abiertamente la palabra «depresión», pero es bastante obvio—, me removió mucho. El protagonista había perdido al amor de su vida y su salida era la comida. Para evadirse y para hacerse daño. Se estaba autodestruyendo, como con la droga. Hay muchas maneras de autodestruirse; por eso tenemos que estar atentos a nuestro alrededor, a la gente que queremos, a nosotros mismos.

Hace poco mi madre me contó algo que me puso

triste. Me dijo que cuando mi padre murió, dejé de reír.

Pero un día, yendo al mercado de Santa Maria de los domingos con mi abuela, vi un perro en una jaula, de dos mesecitos.

Dos mil pesetas costaba…

Mi abuela me lo compró sin decirle nada a mi madre y lo escondimos en el tren de vuelta en el bolso.

Blacky ha formado parte de nuestras vidas durante quince años y mi madre lo cuidó muy bien. Ella nunca quiso tener perro, pero después de haber perdido a mi padre, mi abuela creyó que me haría bien. Y sí, sonreía.

Aquí con Blacky, sonriendo. Yo quería llamarlo Charmander, pero mi hermana pensó que no era buena idea…

Mi madre hizo de padre y madre. Se esforzó todo lo que pudo para dejarme libertad, para que hiciera lo que me apeteciera, para que estudiara y me centrara, para que aprendiera a tocar el piano, para que tuviera una buena vida. Para que fuera feliz y me riera. Y lo consiguió. A ratos, porque una madre, por mucho que lo intente y se deje la vida en ello, no puede controlarlo todo. Demasiadas cargas a sus espaldas. Gracias por todo, mamá.

No hubiera pasado nada si hubieses sido un poco más dura, porque la verdad que era un desastre y hacía prácticamente lo que me daba la gana.

Me río. Supongo que esa soy yo. Un caos ordenado. Y agradezco también haber podido liarla un poquito.

Cuando digo que la liaba un poquito, no hablo de nada malo. Cosas normales de adolescente… Estaba todo el día en la calle, no llegaba siempre a la hora que me decía mi madre, dejaba los deberes para lo último o directamente no los hacía, y, obviamente, también estudiaba en el último momento; faltaba algunos días a clase (hacía novillos, vaya). Mi madre es todo lo contrario a esto: organizada, responsable…

Yo estoy siendo ahora más como ella y siento que cada vez me parezco más a mi madre, pero en ese momento necesitaba esa libertad. O no, no lo sé. Ninguna madre sabe si realmente ha hecho lo correcto. Ella se pregunta esto muchas veces, qué hubiera pasado si hubiera sido más firme, igual que lo hizo con mi hermana en su momento, si no me hubiera dado esas alas... Pero nunca lo sabremos. Ella quería que fuera feliz y la ausencia de papá hizo que dejara que explorara el mundo a más temprana edad.

Y seguro que, conociéndola, estuvo muchas noches sin dormir...

Tuve rollos con los chicos demasiado pronto, y eso preocupaba a mi madre, sobre todo porque ellos pudieran aprovecharse de mí y que yo fuera demasiado rápido en todo. Le pedía dormir en casa de mi novio y ella se escandalizaba, pero, no sé cómo, lo acababa consiguiendo. Y si echo la vista atrás, sí, ella tenía razón, era demasiado joven.

Hay un episodio de mi vida, algo por lo que pasamos todas y todos y que nunca olvidamos, por muchas veces más que lo hagas en tu vida.

Perder la virginidad.

Perder tu inocencia.

De hecho, no sé si entender la experiencia como una pérdida es algo positivo.

«Perder la virginidad»: esta frase parece anticuada y quizá lo es, pero es cierto que se trata de un momento importante en tu vida que determina, en algunos casos, cómo van a ser el resto de tus relaciones íntimas. Sobre todo para nosotras.

El sexo debe estar basado en la libertad por las dos partes, en fluir. En la libertad de elegir si quiero o no quiero mantener esta relación contigo.

Me voy a meter en un tema peliagudo y complicado pero, como mujer, y por experiencia propia, creo que puedo hablar de este tema. Sin tapujos. Es como soy yo y no tengo que avergonzarme.

Yo no quería perder mi virginidad en el momento que lo hice.

Me sentí presionada, vulnerable, como una niña que perdía algo muy preciado en su vida que no estaba preparada para regalar a nadie.

La persona con la que perdí la virginidad lo intentó varias veces. Era un chico con el que había empezado a verme y que me gustaba mucho; pero, desde el primer día que nos besamos, él ya intentaba meterme mano, y así durante varios días, en la típica fiesta de pijamas con más amigos, casi delante de ellos. Yo no quería que pasara eso. Claro que sentía deseo hacia él, pero yo no quería que me tocara delante de la gente y evitaba quedarme a solas los dos. Hay que recordar que en el colegio me llamaban «guarra» por aquella especie de *striptease* que hice imitando una escena de la película *Full Monty*. Así, me sentía una guarra si hacía todo eso pero, si me negaba, ¿iba a dejarme?

Y yo no quería que me dejara. Nunca quiero que pase esto y siempre ando con ese miedo (carencia por la falta del padre, miedo al abandono). Yo tenía ganas de iniciar una relación amorosa con él, algo que suponía acceder a lo que él quisiera porque, si no, pensaba que iba a dejarme. Seguramente, si no hubiera pasado nada, me hubiera dejado de todas formas…, pero ¿y qué?

Así que, entonces, pasó, de una manera fría y distante. Y después se fue. Luego llamé a mi mejor amiga, Ainoa (ella escribe así su nombre), que vino a mi casa. Yo estaba llorando cuando llegó: había perdido la inocencia, la niñez… Me daba mucha vergüenza que se enterara mi madre y el resto de la gente.

Estuvimos así un par de meses más y lo hacíamos de vez en cuando. Siempre me dolía y no notaba placer. Él era un poco agresivo y no me sentí amada en ningún momento. De repente, un día me dejó por el Messenger porque ya debía de estar aburrido de mí. Una lloradita y a otra cosa.

Pasó algo de tiempo hasta que volví a acostarme con alguien, y eso que alguno más lo intentó, pero yo no quería y no lo hice.

No hace mucho vi la película *Creatura* y se me revolvieron las entrañas. Me sentí identificada con su protagonista; no en todo, pero sí en algunas cosas.

Esta película me hizo darme cuenta de que muchas nos hemos sentido prácticamente obligadas a hacer cosas que no queríamos, que contentar al hombre por encima de nuestros deseos ha estado en nuestros genes.

En ese momento me acordé de cómo perdí la virginidad y volví a preguntarme: ¿por qué me cuesta disfrutar del sexo? ¿Por qué siempre he pensado en el otro y no en mí?

Siempre he querido complacer al otro para que no me abandonara y nunca me he centrado en mi propio goce. Dejé de disfrutar hace tiempo o quizá nunca lo haya hecho.

Pensaba que los antidepresivos estaban detrás de mi falta de apetencia sexual, pero creo que va más allá y que he ido dejando esto para más tarde en terapia y ya va siendo hora de enfrentarme a ello.

Cuando conocí a Pepe, mi actual pareja, me sorprendió llegar al orgasmo con él, pero pasó, y ha sucedido muchas veces, porque estoy con una persona que me cuida, que piensa en mí y en mi disfrute, que me pregunta; nos comunicamos muy bien y eso hace que todo sea más fácil. Aunque no me deja siempre la cabeza, pero debo tener paciencia.

No estaba acostumbrada a que me dedicaran tiempo y amor, y ahora está pasando. Ya iba siendo hora.

No nos conformemos con poco, chicas. Nos merecemos amor y la misma dedicación. Una relación basada en la igualdad, en todos los sentidos.

Es cierto que no podemos exigirle al otro todo lo que haríamos nosotras por ellos. Por ejemplo, en mi caso, estoy demasiado pendiente y lo dejo casi todo por el bienestar de la otra persona, pero tampoco es eso. Hay que llegar a un equilibrio mediante un trabajo diario. Con paciencia, comunicación y amor, todo es posible.

Ay, el sexo… Aún hay veces que me siento rara haciéndolo. Como si no fuera algo bueno. Ni siquiera me imagino haciendo algo más allá de lo normal. Cómo se nota que hemos crecido en el cristianismo. Mi madre, por ejemplo, solo ha estado con mi padre. Con eso os digo todo. Le sorprende lo rápido que cambiamos de pareja o el sexo sin amor. Lógico. A mí me sigue sorprendiendo también.

Como digo muchas veces, estamos en el camino.

Si estás leyendo esto y has perdido a tu padre o a tu madre, especialmente en la edad temprana, que va de la infancia a la adolescencia, o no has conocido a tu padre, siempre tienes la sensación de que te falta algo. Una carencia.

Esa carencia afecta al amor. A tus relaciones. A tu vida.

Vamos, que siempre viene bien una ayuda para sobrellevar ese trauma.

Mi madre intentó llevarme al psicólogo cuando tenía once años, pero no quise ir más, y ella respetó mi decisión. Una de las causas por las que lo hizo fue por mi miedo a la comida y a vomitar.

Hubo una época en que todo me daba náuseas y tenía mucho miedo a vomitar, así que, entonces, comía menos para que no me sentara mal. Bueno, me sigue dando miedo. Un miedo que a veces me paraliza.

Hoy día sigo comiendo con medida, tengo miedo a los virus del estómago, a las comidas exóticas de otros países, a quedarme embarazada y a tener náuseas…

Cuando pillo una gastroenteritis, monto un drama que flipas. Pero, bueno, eso es un tema del que, como buen trauma que sufro, no me apetece contar más. Ya haré terapia de choque o algo así…

Trauma por trauma. Paso a paso. No se pueden arreglar todos de una vez.

Me gusta comer, sobre todo lo dulce. Pero siempre con consciencia y sin mezclar muchas cosas. Un estómago delicado se añade a ese miedo que tengo.

Qué vergüenza siento al contar según qué cosas…

Siempre me han gustado las chucherías, pero, como no quería que me sentaran mal, me compraba una bolsa, las masticaba y luego las escupía. Solo me tragaba dos o tres. No quería que me doliera la barriga.

En una de las terapias alternativas que he probado llegué a la raíz de este trauma. Cuando me dijeron que mi padre había muerto, justamente estaba comiendo.

¿Tendrá algo que ver?

Dicen que cuando averiguas la raíz del trauma, este se va disipando… A veces pasa, pero yo sigo teniendo esa fobia, así que no sé qué deciros. En otros casos sí que siento que he avanzado.

Mi adolescencia

Emo no se nace, se hace. Gracias, Fotolog, por inspirarnos. Parque del Mar, Mallorca, 2005. Con los colegas pasando la tarde. Aquí con Dani.

Tuve una adolescencia divertida. Cuando la recuerdo, me doy cuenta de que es una etapa que me pone una sonrisa en la cara.

Con lo único que tengo pesadillas aún es con el instituto. Qué aburrimiento. No me gustaba nada estudiar. Odiaba madrugar, hacer deberes, preparar trabajos y exámenes... Intentaba escuchar a los profesores, concentrarme, pero mi mente rápidamente volaba a las clases de hip hop que tenía después, al chico que me gustaba o a la broma que le podía gastar a mi compañera de pupitre. Me reía mucho.

Elegí un instituto en el que no conocía a nadie. Todos mis compañeros y compañeras del colegio fueron al mismo instituto, al que también había ido mi hermana, pero yo sentí que era el momento de escoger otro camino.

A diferencia de en el colegio, en el instituto sí que hice amigas y amigos, aunque los de bachillerato se metían conmigo. Me insultaban —enana, bifa y cualquier cosa que se les pasaba por la cabeza—, pero yo me defendía y me quedaba tan a gusto, aunque eso les hacía gracia e insistían. No sé por qué les dio por mí, aunque tampoco me cuesta imaginar que yo no fuera la única. No recuerdo cómo empezó, pero sí que siempre estuvo ahí. La ESO empieza cuando aún eres muy niña. Además, yo era de las pequeñas, tanto de altura como del curso, porque nací en septiembre, y eso les venía de maravilla a los más mayores, que ya tenían material.

Decidir no seguir el camino marcado y no apuntarme al instituto al que iba todo el mundo es una de las mejores decisiones que he tomado en la vida, de las primeras que cambiaron mi vida por completo y que solo después me di cuenta de que fueron clave.

También tuve la suerte de que mi tía Neus trabajaba en el bar del instituto (lleva allí muchísimos años) y me sentía como en casa. Y también me llevaba algún que otro bocadillo gratis.

Mi tía Neus es la hermana pequeña de mi madre. En su DNI pone «Nieves», porque mis abuelos eran de Albacete, pero ya se ha acostumbrado a que le llamen Neus y le gusta.

Es una persona muy especial, generosa y buena, y que tampoco ha tenido una vida fácil. Me llevo muy bien con ella: nos reímos, nos entendemos. Es más moderna de mente que mi madre, que es más «madre».

Mi familia materna es la que siempre me ha apoyado y ha estado ahí. Somos muy pocos y, cuando falleció mi abuela Ángela, la madre de mi madre, en mayo de 2020, todos sentimos que las cosas no iban a seguir igual. La abuela nos unía mucho.

Ella murió con noventa y siete años. Era una mujer con un carácter fuerte, buena y presumida, que tuvo con mi abuelo una relación buena y sana. Cuidó de él hasta el último de sus días, y mis tíos, Ángel y Neus, y especialmente mi madre, cuidaron de ella hasta el último de sus días.

Yo ahora debería tener seis tíos por parte de madre, pero, en otros tiempos, las muertes prematuras eran algo muy común. Mi tío Ángel, por ejemplo, era mellizo de una niña que murió a los nueve meses.

Dicen que siempre hay que contar con la vida de todas y todos que, aunque incluso no hayan nacido, han formado parte de nuestro árbol familiar.

Cuando falleció mi padre, mi familia paterna desapareció prácticamente de mi vida. Mis primos también pasaron una mala época y se creó una distancia que ahora puedo entender; pero en aquel momento yo era muy pequeña y me sentí muy sola.

Años después seguía sintiendo rencor, porque no entendía que la ausencia de mi padre hiciera que sus hermanos ignoraran que sus hijas de veinte y nueve años también le habían perdido.

Aquella era una familia desestructurada, rota.

Una de las hermanas de mi padre nunca fue muy amable con mi madre y os aseguro que no se merece ese mal trato.

Adoro ser mallorquina. Adoro hablar mallorquín y adoro tantos y tantos rincones de la isla donde nací y crecí, aunque el turismo masivo, que da, obviamente, trabajo y dinero, hace que las cosas hayan cambiado.

También aplico la frase a: «Nadie es profeta en su tierra». No creo que sea el caso de otros compañeros de otras provincias, pero me siento un poco así.

Mis abuelos paternos eran de Huelva y los maternos, de Albacete. Me siento un poco de todas partes. Adoro tener raíces andaluzas también.

Cada vez siento más lejos la isla…

Poca familia, se va reduciendo el círculo de amistades a medida que pasan los años, y en parte siento que es ley de vida y por otra parte siento que soy responsable. Me fui de Mallorca con dieciséis años. Cuando leas esto tendré treinta y cuatro. Yo no tengo una vida allí. Me siento una extraña y eso me entristece. Me entristece llegar a mi casa, o más bien, a casa de mi madre y que mi habitación esté prácticamente igual. Una habitación muy bonita que me compró de niña, pero está igual. Mi cama, mi ordenador, con pintadas y pegatinas de la revista *LOKA*.

Quizá no es tristeza, es nostalgia. Las suelo confundir. Igual es una mezcla de ambas. Mi adolescencia estuvo bien, como os he contado. Creo que fue el momento de mi vida donde me sentí más libre y feliz.

Pero cuando aterrizo en Palma, es un sentimiento extraño que se ha ido agravando con los años. Antes llegaba con ilusión.

También aparece ese pensamiento: «¿Qué hubiera sido de mí si hubiera seguido aquí?». Bueno, muchas cosas se pasan por mi cabeza...

He estado demasiado tiempo encerrada en mí, en lo que me pasaba, ensimismada, evitando estar con muchas personas, dedicando demasiado tiempo a las parejas y entonces el círculo de amor hacia tus amigas y amigos se reduce (en Mallorca ya hace mucho tiempo. También pasa en Madrid) hasta que te quedas sola. Por suerte, no he llegado a quedarme sola del todo.

Las personas siguen su camino, no te llaman, no llamas. Ya no formas parte de su vida. Solo queda agradecer los momentos divertidos y bonitos que vivimos y aceptar que esas personas ya han terminado su ciclo contigo. Y no es por la profesión a la que me dedico. No me considero una persona elitista y clasista, más bien lo contrario.

Lo que más recuerdo son las risas.

Y como agradezco a todos y todas con los que me he reído tanto.

Reír es la única salida, como dice Buenafuente.

Me sigue costando aceptar que eso es así e ir a Mallorca me recuerda que muchas personas ya no están. Lo de dejar ir y aceptar es como un mantra que no paro de decir, pero que aún no aplico del todo (debería contar las veces que he escrito «aceptar» en este libro). He ido a Mallorca hace poco y me he puesto triste. Pienso en mi padre, en mi madre, en mi hermana y cómo vive su día a día, en la familia a la que no veo; de repente pienso en el colegio y en cuando jugaba en la plaza de la iglesia.

Con las amigas de siempre, también siento esa lejanía. Unas son madres, otras viajan, cada una tiene su vida y que yo esté en otra ciudad desde hace años no ayuda.

Cada vez cojo menos aviones a Mallorca porque espero esas ganas por su parte, como las de hace años, de verme y de pasar ese rato conmigo. De esas risas y de sentirme en casa. Mi ego quiere atención, pero de gente que me importa. Las niñas. Pero se tienen otras prioridades, y más cuando eres madre, cosa que yo aún no puedo comprender tanto porque no lo soy, pero como para mí Noel es mi hijo, ya que depende de mí completamente y por el amor que siento, que imagino, no es comparable al amor que se siente por tu propio hijo, pues mira, sí que las comprendo un poquito.

Cada vez son más cortos esos ratos y más complicados de encontrar, pero me sigo sintiendo en casa con ellas.

Sobre todo con Alba y, por supuesto, mi mejor amiga, Ainoa. Ella siempre estuvo, siempre está y sé que siempre estará. En las relaciones (amorosas, de amistad, familiares) hay trabajo por hacer. Mucho. En todas las familias se cuecen habas, ¿no? Soy una buena señora con estos dichos.

A veces es fácil, otras veces no es así, pero merece la pena el esfuerzo por seguir teniendo a personas buenas a tu lado, aunque vivas a muchos kilómetros separadas unas de otras, pero hay que poner la energía para ello por ambas partes, y yo igual debería haber ido más a Mallorca.

Pero el trabajo, Noel haciéndose mayor, mi madre viniendo a Madrid, mis crisis de ansiedad y de vida, hacían que evitara coger aviones con destino a lo que fue mi casa. Evitaba remover estos sentimientos.

Y ahora no sé si me estoy quejando, dándome cuenta…, no sé por qué cuento esto, como muchas de las cosas de las que hablo en este libro. No sé si es importante hablar de ello, pero en estos escritos hablo de cómo me siento en muchos momentos.

Mi mente no es fácil. No es fácil convivir con ella. Me encantaría poder decir: «He estado en Mallorca y he venido con las pilas cargadas. Qué contenta estoy». Pero no ha sido así y eso me hace sentirme de nuevo culpable y me hace seguir analizándome y queriendo encontrar los motivos por los que me cuesta tanto disfrutar, cuando, dentro de mí, está la Ángela disfrutona, que siempre está haciendo el tonto y riendo. Esa es mi esencia y es quién voy a volver a ser.

Pero todos tenemos luces y sombras. Solo que tenemos que intentar que nuestra sombra no se haga tan grande como para tapar nuestra luz…

Me alegra y me da miedo que lo que pienso quedará aquí retratado PARA SIEMPRE.

Lo único que es para siempre en mi vida va a ser este libro. Ni Noel, ni mamá, ni yo…

Esto va a quedar siempre. Joder, qué presión…

De forma que así es mi vida. Poca familia, cada uno lidia con sus fantasmas, pero siempre que puedo intento escaparme a Mallorca para ver a mi madre, a mis tíos y a mi hermana. Y, por supuesto, a mis amigas.

Cuando entré en *Factor X*, mi familia venía a todas las galas a verme. Estaban entre el público, aunque no me dejaban hablar con ellos.

A partir del momento en el que mi madre se vino a Madrid conmigo, y ya que yo me había marchado de Mallorca a tan temprana edad, cada vez que volvía (e intentaba que fuera muy a menudo), nos veíamos todos para comer en casa del tío José Luis, pareja de Neus, que vive en una casa en el campo, en Alcudia. Desde hace ya dieciséis años ya es tradición que, cada vez que visito la isla, comamos todos juntos allí. Y me encanta estar en esa casa.

Mi tío José Luis sufrió un infarto y casi ni lo cuenta, pero algo hizo que se salvara. Él dice que fue mi abuela, que había fallecido meses atrás. Tampoco han sido unos años fáciles para él; en la vida no dejan de pasar cosas, algunas de ellas trágicas, y seguimos…

Mi tío Ángel, el mayor, está viviendo la mejor época de su vida. Tantos años trabajando sin parar y, ahora, está viajando por toda España, disfrutando, yendo a conciertos… Me hace feliz que esté así, aunque eso implica que no le veamos el pelo.

Ojalá les siga teniendo cerca muchos años, y con salud, por supuesto. Me da miedo perderles. Se van haciendo mayores y no paso tanto tiempo con ellos como antes…

Mis tíos, hermanos de mi madre, Ángel y Neus, la mamá y la abuela Ángela.

Volviendo a los años del instituto, cuando estaba en primero de ESO, me presenté a un casting de niños y niñas para un concurso por los pueblos de Mallorca. Fue un verano diferente: no paré de cantar, me lo pasaba bien con mis amigos, mi familia asistía a todas las galas…

Un día, Ruth, una amiga del colegio que también cantaba, me pidió que la acompañara a un casting para un programa de IB3, la televisión autonómica de Baleares. El casting era para un concurso musical: *Camí de l'èxit Junior*.

Una de las encargadas, Mercè, me había oído cantar en una de las galas del concurso en el que llevaba todo el curso participando y me dijo: «Entra aquí, que necesito que te escuchen».

Canté para ellos y quisieron meterme en el programa, pero no sabían cómo: no podía participar como concursante porque no tenía la edad mínima. Total, que me metieron como mascota del programa (con amor lo digo, no sé cómo llamarlo de otra manera) y me puse a trabajar en la televisión, así, de repente.

Los rodajes eran los viernes después del instituto y todo el sábado. Como era tan pequeña, me acompañaba mi madre. En el programa, yo abría las galas junto a los presentadores o a los músicos, les hacía juegos a los concursantes, todo eso en mi mallorquín malísimo, porque siempre hablaba castellano y no me desenvolvía tan bien hablándolo.

Aquí con Mercè, estudiándome las canciones del programa.

Tenía trece años cuando gané mi primer sueldo haciendo algo en lo que me divertía. Mi madre intentó convencerme para que ahorrara, pero yo me empeñé en gastármelo en ropa. No quise ni oír hablar de pagar las clases de teatro o las academias de baile, o de estudiar algo que me gustara, de seguir yendo a clases de piano… No, no, nada de eso, me lo gasté en ropa. (*Spoiler*: es una idea pésima).

En el programa siempre estaba rodeada de gente mayor que yo. Por ejemplo, con los músicos me reía mucho y entablé muy buena amistad con ellos. Quizá fue esto lo que me ayudó a no darle importancia a lo que pasaba con los mayores del instituto.

Pero salir en la tele tenía una cara B que no era tan guay. Era material arrojadizo para la gente del instituto, que ya tenía otro argumento para meterse conmigo; para los del barrio que no me conocían; para cualquiera, vamos.

«Angy la de la tele».

«Menuda flipada».

Con la mala leche que tengo, la mayoría de las veces les contestaba, y eso hacía que seguramente les cayera peor y justificaba lo de «flipada».

Por suerte tenía a mis amigas. Las de siempre. Luego empecé a tener más colegas y me llevaba bien con la gente de mi clase. En cambio, los de las otras clases sí que se metían conmigo.

Me sentía observada y pensaba que me criticaban todo el rato. Me costaba sentirme libre, de manera que empecé a vestir de negro y a escuchar música rock, pero en Mallorca llamaba más la atención por ir así. Pero me sentía bien dentro de ese grupo de punks, roqueros, skaters y emos.

Cuando en el colegio se metían conmigo, me afectaba y me sentía bastante triste, pero de adolescente encontré el refugio de identificarme con la ropa y con la música que escuchaba. Además, en esa época empezaron a valorarme como artista y eso hizo que me sintiera bien conmigo.

Fue una época feliz.

A pesar de los desamores, que ahí sí me ponía a llorar en la cama escuchando lo más triste que me había descargado en eMule.

Precocidad, búsqueda de aprobación, afirmación de la identidad y los gustos: es lo que tiene salir en la tele.

Salir en la tele, ser reconocible, tiene un precio. Un precio difícil de entender cuando no eres más que una adolescente. A esa edad no estaba preparada para que la gente me mirara, me hablara o me pidiera una foto.

Hoy día me parece precioso que la gente se me acerque. Sobre todo, que se acuerden de cosas de hace tiempo como *Tu cara me suena* o *Física o química*, pero cuando era adolescente no era algo que me encantara y que entendiera. A veces me daba vergüenza; otras me enfadaba o me sentía intimidada.

De hecho, me volví más tímida.

Llevo oyendo esa clase de comentarios desde que tengo catorce años. No entendía por qué no le caía bien a la gente. Siempre he querido gustarle a todo el mundo. He hecho y sigo esforzándome porque eso pase, pero es imposible, crea ansiedad..., no es sano. Solo queda aceptar que no puedes gustarle a todo el mundo y que van a poder opinar de ti siempre.

Es algo que empiezas a entender cuando eres mayor. Siempre me he sentido un poco diferente, pero he intentado encajar, adaptándome a las modas o a los gustos, hasta que dejé de hacerlo y elegí lo que me hacía sentirme más cómoda, más yo. Aun así, hay veces que hoy día me sigo viendo diferente y me cuesta aceptar eso de mí. Esa rareza, esa autenticidad, como la llaman, yo siento que va más en mi contra (sobre todo para mi profesión como actriz) que a mi favor. Y el problema lo tengo yo. Hasta que no acepte lo que soy de verdad, las cosas no van a fluir.

En su momento fue así. Y estamos hablando de la adolescencia.

Uno de mis grupos favoritos era El Canto del Loco. En 2005 estaban de gira con el disco *Zapatillas*.

Mi amiga Ainoa y yo decidimos hacer cola fuera del recinto para poder estar en primera fila. Era julio, hacía un calor impresionante, pero estábamos emocionadas. Y conseguimos estar en primera fila. En esa gira Dani Martín siempre sacaba a alguien al escenario. Quería ser la elegida.

Empezó el concierto, y cada vez sentía con más fuerza que me iba a tocar a mí.

En el escenario, Dani Martín decía: «¿Quién quiere salir? Estará por ahí… ¿Quién quiere salir? Voy a sacar a alguien que lo haya dado todo, y sin conocerla, solo mirándola a los ojos, sé que es muy grande».

Fui yo. Me sacó a mí.

Unos seguratas me subieron al escenario. Estaba tan nerviosa que no me salía la voz. Dije mi nombre.

«Angy, como la canción de los Rolling Stones. ¡Que viva Angy!».

Me cambió sus Converse por las mías y no paré de llorar hasta llegar a mi casa. Un chico lo grabó en vídeo y no paraba de escucharlo. Obsesionada, me dormí abrazada a las zapatillas (no es broma). Menos mal que estaban nuevas.

Al día siguiente empecé a recibir mensajes en Fotolog y por otras vías en los que me decían que Dani Martín me había subido a mí porque era una enchufada y salía en la tele.

Lo pasé fatal. Sentí que nadie se alegraba por mí. Había sido magia. Nos miramos a los ojos y sentí esa conexión.

Reflexión en positivo: ese fue un nuevo caso de las dificultades a las que tenía que enfrentarme por ser conocida, pero eso no quitó ni quita que sea un recuerdo bonito, en el que la magia y la emoción siguen intactas.

El programa
que lo cambió todo

A los dieciséis seguía con las clases de baile, había comenzado a salir por la noche (tuve que falsificar un DNI, porque con mi cara de niña no me hubieran dejado entrar en ninguna parte) y ya llevaba un tiempo en la tele, un cóctel que hacía que el instituto me diera cada día más pereza. Empecé a dejar de ir. No faltaba todos los días, pero por lo menos una vez a la semana.

Hacía que otra de mis amigas (Martha) se escapara conmigo y nos íbamos a la playa o a ver películas a mi casa, aprovechando que mi madre estaba trabajando. Martha y yo éramos vecinas e íbamos juntas a clases de repaso. Nos separaban porque hablábamos. También pasaba lo mismo con mi amiga Ainoa (lo de hablar y que nos separaran en las clases de repaso, no lo de escaparse. Ella era buena estudiante y no la corrompí). Pero, fuera o no una mala influencia, Martha y Ainoa siguen siendo mis amigas.

Las pellas, o como lo llamábamos en Mallorca, *fullar-se*, hicieron que mi rendimiento bajara mucho más y llegué a suspender siete asignaturas.

Todo esto pasó en 4.º de la ESO. Antes, más o menos me comportaba y no suspendía más de dos. Pero ese año ya me daba igual estudiar.

En ese momento te dicen que tienes que elegir el bachillerato que quieres hacer. Qué carrera quieres estudiar. Pero yo solo quería cantar y bailar y estar con mis amigxs.

Con dieciséis años, es difícil tener claro lo que determinará el resto de tu vida (o no). Pensé en ser profesora de baile, veterinaria, peluquera…, lo último me pega. Estaba perdidísima y sentía que la universidad no iba a ser una opción. Solo me motivaba bailar, cantar y estar con mis amigos. Mi madre se enfadaba conmigo porque no estudiaba.

Creía que lo de ser cantante y actriz no era una opción (y eso que la vida me lo había puesto en el camino desde bien joven). Incluso había llegado a cobrar por ello, pero pensaba que no debía ir por ahí, que tenía que tomar un camino que fuera seguro.

Tuve un par de grupos de música, uno de chicas y otro solo con chicos, con el que hicimos un par de bolos en fiestas de pueblo. Compuse un par de canciones con un compositor, las emitieron en alguna radio, canté en pueblos, en la tele… Un día participé en el desfile que se hacía en los institutos de Mallorca para ganar dinero para el viaje de fin de curso.

Nosotras éramos del instituto Llompart. En el desfile hacíamos coreografías y fue muy divertido prepararlo. Nos unió mucho. Mis compañeros y compañeras eran gente muy maja. Allí conocí al que lo organizaba, Jaume Colombas, hoy marido de una de mis mejores amigas. Allí se conocieron ellos también. Él me metió a cantar en el momento en que los institutos tenían su desfile de gala. Incluso llegué a coreografiar alguno. Lo de sentarme a estudiar cada vez lo veía más lejano...

Aquí con mis amigas. Después de veinte años, seguimos siéndolo. Estefanía y Martha ya son mamás. Elena está recorriéndose el mundo. Ainoa es la primera que llegó a mi vida, es como mi hermana, trabaja de taxista y tiene la carrera de Geografía. Alba es una persona increíble y especial que cuando apareció en nuestras vidas, unos años después, nunca pudimos soltarla.

Y un día vi en la tele el anuncio de *Factor X*.
Yo acababa de cumplir dieciséis años y decidí llamar al teléfono que apareció en la pantalla.

Hablando con un amigo vía Messenger, él me dijo que había visto el anuncio y que debería presentarme. Me llamaron para citarme en Madrid. Un amigo mío, Álex Manga, que también era mi profesor de baile y cantante, se vino conmigo a Madrid a hacer los castings. Pasé varios, pero los finales fueron muy intensos. Luego llegó el *bootcamp*: tres días encerrados en un piso delante del Retiro, muy bonito, intenso... Allí con quien hice más buenas migas fue con María Villalón, y ¡nos cogieron a las dos!

Con dieciséis años estaba viviendo unas cosas que, honestamente, creo que no asimilaba. No era consciente de todo lo que había vivido y de lo que me quedaba por vivir. Llámalo destino, llámalo universo, llámalo suerte, llámalo papá, el camino se estaba haciendo prácticamente solo, sin buscarlo.

En el momento que me dijeron que entraba en *Factor X*, yo estaba aún en el instituto, a punto de empezar bachillerato. Desmotivada, sin saber qué quería hacer realmente en la vida. Pero cuando me aceptaron empecé a llorar, casi presintiendo lo que se me venía encima. Para bien y para mal. No podía parar de llorar.

Era una mezcla de felicidad y miedo.

Notaba que mi vida iba a cambiar radicalmente. De hecho, la vida me llevaba preparando para este momento desde hacía unos años, pero yo no era consciente. Mi familia siempre me apoyó. Y eso también es una gran suerte. Mi madre no me obligó a estudiar. Pensó que esa era una buena oportunidad para mí y no me puso impedimentos para que siguiera mi sueño. No he hablado con ella de esa decisión nunca. Solo sé que ella aceptaba la decisión que tomara.

En cambio, el director de mi instituto me dijo que no debería dejar los estudios. Unos meses antes, un profesor incluso me encerró en la sala de jefatura de estudios una hora del patio y me dijo que no iba a llegar a nada en la vida.

Pero, por suerte, no les hice caso.

Se acercaba el día. Yo estaba cagada de miedo. Tenía ilusión, sí, pero estaba cagada. Me despedí de todos mis amigos en una cena que hicimos en una pizzería, me escribieron cartas, me dieron regalos…

Pero cuando me tocó poner rumbo a Madrid, tuve que viajar sola. Me sentía muy querida y apoyada; sin embargo, recuerdo la sensación de abismo al despedirme de mi madre y subirme a ese avión… Incluso hoy al pensar en ello vuelvo a revivir esa sensación. No era nada agradable.

Estuvimos casi tres meses viviendo en la Moraleja, al lado de los Beckham, tan cerca que escuchábamos sus fiestas. En las instalaciones había un montón de gente, los participantes trabajábamos duro y aprendíamos sin parar, en una montaña rusa de emociones que tuve que entender cómo gestionar de buenas a primeras (y delante de las cámaras).

Hice una gran amiga, que luego fue la ganadora: María Villalón. Ella tenía un año más que yo. Era más estable y más madura, o al menos eso aparentaba, y me sentía muy bien con ella. Compartíamos habitación y estábamos todo el tiempo juntas, riéndonos, haciendo el idiota. Me sentía muy bien con ella. Si pienso en *Factor X*, ella es una de las primeras cosas que se me viene a la cabeza.

Me llevaba bien con todo el mundo. Al ser la pequeña, todo el mundo me cuidaba y me protegía, y eso era lo que yo ansiaba y necesitaba. No solo me sentía así por los concursantes, sino también por todo el equipo detrás de las cámaras.

El concurso estaba organizado en varias categorías: de dieciséis a veinticuatro años, mayores de veinticinco y grupos; es una de las grandes diferencias con *Operación Triunfo*, donde solo participan solistas. Se hacía una gala por semana, era en directo y allí teníamos que defender la canción que nos tocaba. La verdad es que se hacían versiones bastante diferentes y muy chulas. Detrás había un equipo muy bueno y potente: desde los productores musicales hasta vestuario, maquillaje, peluquería... Una de las cosas que era fácil olvidar con la intensidad del día a día, mientras nos preparábamos y ensayábamos en plató, era que *Factor X* también era un *reality* y eso era lo único que igual no me molaba tanto.

Como ya he contado antes, mi familia venía desde Mallorca a cada gala. Se dejaron un dineral entre eso y las votaciones. Hicieron un esfuerzo tremendo que siempre les he agradecido: yo no vengo de una familia adinerada, y ni se me ocurrió que podía contar con algo así. Recuerdo que los veía entre el público, sentados en la primera fila, y que no podía hablar con ellos. Me esperaban a la salida y los abrazaba antes de subirme al autobús de vuelta a esa casa de la Moraleja. Recuerdo el olor de mi mamá. Cómo me costaba estar separada de ella... También vinieron amigas y amigos. Aquellas visitas me daban la vida.

Venían también artistas invitados a algunas galas. Tuvimos a Paulina Rubio, a Dover y a Avril Lavigne. No nos dejaban acercarnos a los artistas, pero yo quería abrazar a Avril Lavigne (obviamente era fan); sin embargo, iba con unos guardaespaldas y me dijeron que era bastante borde y que no iba a poder ser. No obstante, no dejaba de ser como estar viviendo un sueño.

No sabíamos qué estaba pasando fuera, pero, de repente, me di cuenta de que venían fans a las galas a verme y me esperaban a la salida.

En una de las galas mi madre me dio una sorpresa al venir con mi perro Blacky. Qué llorera… Fue un momento tan especial y conmovedor que mucha gente se sigue acordando. Sé que el vídeo circula todavía por YouTube, pero yo prefiero recordarlo sin volver a verlo, porque sé que me pondría a llorar.

El apoyo de mi familia y amigos mientras estaba en *Factor X*.

Yo siempre he sido muy enamoradiza e intensa y *Factor X* puso el entorno y las condiciones perfectas para que surgiera la atracción entre dos personas: convivencia estrecha, aislamiento del mundo exterior, trabajo creativo y físico muy duro, preparativos antes de las galas, nervios... Yo era menor y él tenía veinticuatro años y novia. Como estábamos en un *reality*, se hizo público que estábamos juntos: grabaron su llamada dejando a su chica y luego a nosotros durmiendo en el sofá. En las galas nos pusieron los vídeos. No hace falta decir que hubo una avalancha de reacciones. Nosotros estábamos encerrados en nuestro mundo y no nos enteramos.

A veces, los equipos nos avisaban para que tuviéramos cuidado. Pero yo no entendía qué se podía estar viendo fuera. Me sabía mal por la chica y, bueno, por mi familia, pero siempre he sido muy transparente y de verdad que no sabía cómo iba a salir por la tele. Obviamente veíamos las cámaras, nos grababan en ensayos, en la casa…, pero no teníamos cámaras fijas tipo *Gran Hermano*, había algo más de libertad. Estamos hablando de que tenía dieciséis años y simplemente me dejé llevar sin pensar en las consecuencias. En ocasiones, se me olvidaba que estaba en un programa de televisión.

Se vio, se comentó mucho y mi familia lo pasó realmente mal, porque yo era menor y sentían que él iba a aprovecharse de mí. Honestamente, ahora entiendo su preocupación. Era una niña.

El premio a la ganadora o ganador de *Factor X* era un contrato discográfico con Sony. Pero antes de empezar la gala final, el director de Sony Music de aquel momento vino a hablar con María, con Walter y conmigo y nos dijo que, pasara lo que pasara, íbamos a firmar los tres con SONY. Flipamos, claro.

Fui la finalista de *Factor X*. Quería ganar, como todos, y en ese momento me resultaba difícil no sentir que había fracasado, pero no fue así. Me alegré muchísimo por mi amiga María. Nos habíamos hecho amigas de verdad: a esa edad, una experiencia tan intensa te marca y te une.

Pocos días después de que acabara el programa, mi madre y yo ya estábamos en la sede de Sony en Madrid y firmamos. No me lo podía creer, aunque también debo confesar que no sabía en qué consistía todo aquello. Me imaginaba que era algo bueno, un sueño hecho realidad, pero yo no sabía qué quería.

¿Era ese mi sueño? ¿Un disco? ¿Mi propio disco?

Si yo no compongo, no sé qué quiero contar, no sé qué quiero cantar…

Había compuesto alguna canción en casa años atrás, pero no pensé en enseñarlas. Incluso gané un concurso en el instituto con una canción mía, pero no tenía la confianza para hacerlo en serio. «¿Cómo voy a grabar un disco?», pensé. Pues bueno, no hice absolutamente nada más que cantar. El disco consta de seis temas originales y seis versiones. Y yo hice lo que me dijeron. Elegí las versiones, porque no tuvimos mucho tiempo para buscar doce temas que nos cuadraran. Yo escuché alguna de las propuestas y, como no tenía ni idea de lo que quería, me parecía todo bien. Ellos eran los que sabían; en este caso Portu, Javier Portugués, era mi A&R de Sony. Gracias, Portu, por buscarme canciones roqueras y meterle guitarras de verdad y a un grupo tan increíble como Inlogic, que me acompañó en mi primera gira.

Grabé mi primer disco, titulado *Angy*, en octubre de 2007 en PKO Studios, un lugar emblemático donde graban muchísimos artistas.

«Sola en el silencio» fue mi primer single; también grabé mi primer videoclip y soné en *Los 40*. Estuve en la lista un tiempo y creo que llegué hasta el puesto catorce.

Y luego vinieron los conciertos, la promoción… y de repente, la Serie.

PAUSA

Tengo treinta y tres años y soy una mujer, pero me miro al espejo y sigo viendo a una niña, porque soy muy bajita y muy delgada, sin quererlo. No quiero adelgazar y estoy intentando comer más, pero, por ahora, me quedo en los kilos que tengo. No tengo tampoco muchas curvas. No me veo mujer, pero soy una mujer. Ya no soy una niña. Tengo que repetírmelo cada día todas las veces que haga falta…

No siento que tenga mi edad, algo que veo que es bastante común en los tiempos que corren. Sentirse joven no es malo pero, de repente, me siento pequeña. Me siento una niña. No me imagino cuidando de una criatura, siendo madre. Me veo como una niña, me siento como una niña. Solo quiero que me cuiden y estar bien, divertirme y, ahora mismo, llorar. Llorar y no sé por qué.

Entiendo a esa niña de dieciséis años que tenía miedo de subirse al avión, de estar sin su mamá, y que en su subconsciente pensaba que no iba a volverla a ver, porque eso es lo que pasó con su papá y no pudo despedirse de él. Entiendo que el cambio era fuerte y que no sabía a lo que me iba a exponer.

Abrazo a Ángela, a Angy. Hizo lo que sintió y no salió tan mal (me refiero al concurso).

Me cuesta sentirme orgullosa de mí y me cuesta decir que estoy orgullosa de mi paso por *Factor X*, por no haberme centrado solo en el concurso y haber destinado parte de mi energía a estar con otra persona, pero así fue como surgieron las cosas. Menos mal que no hice caso a su manipulación cuando me dijo que, si hacía la serie, me dejaba, porque me planteé no hacerla. Lloraba de miedo. Tenía miedo de perderlo todo. Hay que ser idiota. Por un tío…

Amiga, date cuenta.

Menos mal que estaba mi familia para abrirme los ojos. Y esto tiene un porqué que entiendo ahora, después de mucha terapia. Me hubiera gustado que eso no

Doblar una peli de dibujos animados, ser la voz de Taylor Swift en España y hacer la promo con estas dos estrellas.
Cosas que una vive y no se da cuenta de lo que suponen hasta años después. Llámalo suerte. Honestamente, lo fue.

hubiera pasado. Hay muchas elecciones en mi vida que me gustaría no haber tomado, pero no se puede volver atrás y la culpabilidad no sirve de nada. Es una carga innecesaria, no se avanza con ella a cuestas. Hay que aceptar cómo fueron las cosas, entenderlas y seguir adelante. Y hablo de la culpabilidad porque me acompaña también muchos días.

Pero sí: me enfrenté a mis miedos, me lo pasé bien, fue el inicio de mi carrera a nivel nacional, hizo que pudiera decidirme y saber qué quería ser de mayor. Aprendí y disfruté de las actuaciones y dije que sí a la serie. Y menos mal…

Sigo aquí, dedicándome a lo que me gusta, me noto más positiva y, cuando tiendo a seguir mis patrones antiguos de negatividad y culpabilidad, me siento triste; es cierto que es algo a lo que soy propensa, me dejo estar y acepto que estoy así. Acepto lo que soy. Es normal tener días tristes. Sigo trabajando en mí, en aceptarme, en mi paz mental y mi equilibrio, y poco a poco lo voy consiguiendo.

Como dice Chris Martin de Coldplay: *Nobody said it was easy.*

Hay muchas veces en que no seguimos adelante porque el miedo nos frena, porque supuestamente no es el camino adecuado, porque no tenemos recursos suficientes, porque no contamos con el apoyo de la gente que queremos, y eso dificulta mucho tomar una decisión respecto a nuestro propósito en la vida, porque yo creo que tu sueño puede ser tu propósito en la vida. Todos estamos aquí por algo… Para enseñar, para emocionar, para curar, para cuidar…

Cumplir sueños no es algo fácil. Hay que decidir ir por ese camino. Hay gente que ha llegado a ello sin perseguirlo, pero si no eres constante y perseverante, te quedas ahí, aunque eso depende de qué carrera, no solo de nosotros mismos. No estoy hablando del éxito, sino de dedicarte a lo que quieres, de vivir de ello, en menor o mayor escala. De sentirte en paz contigo por haber elegido lo que te llena y te hace feliz. Vida solo hay una y no sabemos qué dificultades se nos presentarán mañana. Pero cada día no solo hay dificultades, sino también oportunidades.

Si me hubiera quedado con lo que me dijo aquel profesor de mi instituto, si hubiera dejado que el miedo me superara y hubiera decidido quedarme en Mallorca y no hacer la serie; si el año pasado hubiera dejado que esa sensación que siento de repente, muy parecida a lo que sentí cuando me dijeron que entraba en la serie, ese miedo, esa ansiedad, se hubiera apoderado de mí…

Cuántas cosas me habría perdido… ¿Qué habría sido de mí? Nunca lo sabré…

También hay que identificar si realmente quieres hacer ese sacrificio y si ese miedo te está diciendo que por ahí no. Háblalo con alguien, con un profesional o con una buena amiga. Escribe en un diario tus pensamientos y sensaciones, los pros y los contras, medita y mira dentro de ti.

A veces perdemos oportunidades por el miedo a qué pasará. Hay que arriesgarse. No tiene por qué salir mal, y si así sucede, a por lo siguiente. Así es la vida. Nadie dijo que fuera fácil, pero no te quedes con la duda. Hazlo con miedo.

Todos los caminos que tomamos llevan a algo y de todo se aprende. De absolutamente todo.

Inciso - BLOQUEO

Hace días que no escribo.

He estado desmotivada últimamente.

Me he dado cuenta de muchas cosas. De que me quejo, de que siempre estoy preocupada por algo, de que vivo en estado de alerta constante, con miedo al futuro, de que quiero seguir controlando lo que pasa a mi alrededor, de que me cuesta disfrutar de la vida, de que me cuesta hacer ejercicio, de que sigo siendo demasiado impulsiva…

Todo esto son cosas que quiero y necesito cambiar para que mi vida prospere. Para que mi trabajo prospere. Nunca he sido buena estudiante, ni constante. Me cuesta crear una rutina y es clave tenerla.

Donde de verdad siento que me dejo la piel es encima del escenario, no tanto durante los ensayos, ya que soy un culo inquieto y mi déficit de atención hace que mi cabeza esté en veinte cosas a la vez. Pero en el escenario no hay déficit de atención. No me planteo no darlo todo, no me planteo no estar concentrada, no contar la historia, no escuchar al compañero, no dar lo mejor de mí. Es el único sitio donde estoy aprendiendo a no juzgarme y donde sé que hago lo que tengo que hacer. Puedo ser peor o mejor actriz, para gustos los colores, pero estoy. Y eso tengo que decirlo en alto porque siempre me digo lo malo y me apetecía darme una palmadita en la espalda por las cosas positivas que tengo.

Pues si fuera más estudiosa, más constante, igual las cosas estarían yendo mejor.

Y si tuviera un perfil más normal, creo que también.

Fijaos, sé que en mi adolescencia me ayudó ser diferente, pero ahora estoy buscando ser como todas, y tampoco me está funcionando, porque es que igual no lo soy.

No hablo de ser como todas a mal. Hablo de dejarme el pelo normal de una vez, por ejemplo, de borrarme algunos tatuajes... De poder entrar dentro de lo que lo llamo «normal». Pero... ¿tengo que dejar de ser yo para eso? ¿Me cogerán en el próximo casting que haga para una serie? Llevo meses sin hacer una prueba.

¿Y si me dejo el pelo largo y me borro los tatuajes cambiará algo? Pues seguramente no.

Tengo que aceptar lo que soy e ir con eso. Ir con todas. Yo soy esto, la de los pelos raros, los tattoos, la que canta, o la que sale en la tele, o la que era emo, o la... Vete tú a saber que más. La *guapa* no soy. Nunca me he sentido guapa. Tampoco fea, a pesar de que prácticamente todos los días digo algo feo sobre mí. La belleza es subjetiva, pero yo me estoy sincerando y no quiero poner filtros a esto.

No quiero ir a lo superficial, pero la evidencia de las redes sociales, de lo que hay a nuestro alrededor, de las clínicas estéticas en auge, de la profesión a la que me dedico (no es lo más importante, pero mucha gente que decide si entramos en un trabajo se basa en eso) hace que hable de este tema más veces de las que me gustaría.

¿Y si...? ¿Y si...?

¿Y si dejas de estar tanto en el «y si...» y te centras de una vez en lo que *eres*, en lo que *tienes*? ¿Qué pasaría? Compruébalo. Inténtalo.

Ese es tu poder. SER TÚ.

Estoy en una cafetería de Nueva York llamada Devoción, en Brooklyn, intentando seguir este hilo sobre mi vida y contar mis experiencias, pero estando aquí, me parecía bien hacer este inciso y contar cómo me siento ahora.

Me siento agotada, he dormido muy mal (hoy no me he tomado la pastilla para dormir) y me he levantado con el cuerpo agotado. Ayer hicimos veinticinco mil pasos. A lo mejor eso influye.

También el jet lag… y que por internet encontramos un sitio de bagels que tenía opción sin gluten (soy intolerante) y yo, con toda la ilusión del mundo, me comí uno que estaba increíble. Pero se ve que o no era sin gluten o estaba muy contaminado, y me sentó fatal. Pasé un mal día.

Yo soy bastante desastre con ese tema y nunca pido que me cocinen las cosas por separado, por no ser una pesada, por no molestar. Pero es que hay que ser pesada a veces. Es nuestra salud. Así que a ver si aprendo ya de una vez a cuidarme.

Bueno, pues todo eso hace que hoy me sienta un poco triste e inútil. Siento que tendría que estar trabajando, estudiando…, haciendo algo productivo.

Me han propuesto escribir un libro y es lo que estoy haciendo, pero no siempre estoy escribiendo. Cuesta ponerse y remover.

Quiero seguir formándome como actriz, hacer deporte todos los días, componer, escribir un guion…

Es como si todo el rato sintiera que tengo que hacer cosas, y a pesar de que quizá no haga nada, mi cabeza no calla y no me deja descansar.

Hay tiempo para todo y nunca me he gestionado bien con él.

La constancia es algo que no consigo.

Me machaco, me hablo mal, y entro en bucle. Así que acepto que no me encuentro como me gustaría y que no puedo estar bien todo el tiempo. Que tengo que ir paso a paso.

Pero cansa. Cansa que algo tan fácil como crear una rutina, como aprender a disfrutar, como ser consciente, ser constante…, algo como VIVIR, que es una oportunidad que se nos da y que no todo el mundo tiene acceso a la mejor de las vidas, sea tan complicado. Mi cabeza me lo pone muy difícil.

Voy a terapia, al psiquiatra, pruebo terapias diferentes, sigo gastando dinero y sé que el cambio lo tengo que hacer yo, creando mi rutina, haciendo deporte…, pero algo tan simple me cuesta. Espero a que me lo solucionen los demás. Y NO.

Es como si no me lo permitiera, como si me regodeara en el drama, en el estar mal.

Estoy nerviosa. Siempre estoy en este estado. Es como si tuviera mil ojos y no pudiera solo concentrarme en una cosa, que en este caso sería escribir.

Creo que soy un fracaso y que no debería haber aceptado escribir este libro.

Siento mucho si os estoy decepcionando. Ojalá encuentre la inspiración y las palabras para seguir contando mi vida y mis pensamientos. Me estoy dejando llevar un poco ahora mismo.

Marzo de 2023

Todo estalló.
Física o química

Première de la segunda temporada de *FOQ*. Cines Capitol, 2008.
Con Úrsula, Javi y Andrea. Ese día cumplía dieciocho años.

Un día, en la playa, recibí una llamada en el móvil.

—Hola, Angy. Somos Eva Leira y Yolanda Serrano, directoras de casting. Están preparando una serie de adolescentes para Antena 3 y nos gustaría que hicieras una prueba.

—Me estáis tomando el pelo, ¿no? —dije.

—No. Claro que no.

No recuerdo si tuvieron que hablar con mi madre, por el rollo de que yo era menor... Y, a principios de septiembre, mi madre y yo nos fuimos a Madrid, al Palacio de la Prensa, a hacer un casting.

Otro casting que me cambiaría la vida.

Después de hacerlo (por cierto, allí me trataron increíble) pasaron dos semanas y me llamaron de nuevo para decirme que ya estaba dentro, y que iba que tener que ir a Madrid para empezar los ensayos y las pruebas de vestuario y peluquería.

¡Había entrado en lo que sería la serie *Física o química*!

Como ya había firmado con Sony, fueron ellos quienes negociaron el contrato. Eran mis representantes.

Ese mismo mes tenía que grabar el disco, también en Madrid, como ya he comentado en el capítulo anterior. En seis días grabamos todo y después empecé con la serie…

Pensaréis que estaría ilusionada, pero lo que en realidad estaba era cagada de miedo.

Durante ese tiempo, yo seguía con la relación que había nacido en *Factor X*. Aquello no duró más de nueve meses: estaba destinado al fracaso.

Y os diré la razón: el problema era que él era mayor que yo, quería atarme en corto… y era muy posesivo.

Por ejemplo, estuve a punto de no hacer *Física o química* porque, cuando él se leyó el guion que me había llegado a las Canarias (donde estaba pasando el verano con él), vio que tenía que besarme con otro. No solo eso, es que en el guion ponía: «Me la comes un rato» (fans de *FoQ*, capítulo 2, fiesta *petting*, Cabano y Paula). Entonces, mi novio de entonces me dijo: «Tú eso no lo haces, yo no lo voy a poder soportar».

Vamos, un «O la serie o yo» en toda regla.

Yo iba a cumplir diecisiete años. Leí ese guion y también me dio miedo. Me dio miedo tener que besarme con gente que no conocía, porque sí, había hecho teatro, pero nunca había besado a nadie encima de un escenario y, bueno, digamos que *FoQ* ya se veía lo que iba a ser. Me daba vergüenza. ¿Iba a tener que hacer escenas de sexo? ¿Qué pensaría mi abuela si me veía? No lo parece, o no lo parecía, pero era bastante tímida y sí, un poco tradicional.

Lloraba y me sentía mal, no solo porque podía perder a mi novio, sino también por lo que acabo de contar. Los hombres han sido demasiado importantes en mi vida y tal vez esto es por no tener padre. Eso es un rollo, la verdad.

Menos mal que mi familia se puso firme y me incorporé a la serie, y por suerte en ella fueron comprensivos conmigo, porque yo llegué llorando el primer día de los ensayos, de la mano de mi madre. Acababa de mudarme a Madrid, habíamos cogido una habitación en un hostal en la Puerta del Sol y estaba cagada de miedo. No sabía dónde iba a vivir, no conocía a nadie allí, y dejaba Mallorca, a mi familia y a mis amigas atrás. Además, sin casi tiempo para acostumbrarme.

Dudé. Lloré. Me planteé no hacer la serie, pero mi familia se esforzó todo lo posible para que yo tomara la decisión correcta. Si no, iba a arrepentirme toda la vida...

Y lo hice. Y estoy orgullosa de mí por haberme atrevido a vivir esa experiencia.

Por otro lado, además de la serie, cuando sacara el disco, iba a tener que promocionarlo y para ello se preveían bastantes bolos. Entonces, como ya he contado, me buscaron una banda. Portu, mi A&R, se encargó de todo eso. Es un hombre majísimo y muy pro al que le tengo mucho cariño. Además, tuvo muy buen ojo y me encontró a un grupo increíble, Inlogic, unos chicos de Madrid de unos veintiocho años que tocaban punk rock.

Años después, ellos me confesaron que no sabían qué hacer: yo era una niña y venía de un *talent show*. Sentían prejuicios. Pero les pagaban guay por cada bolo y les iba bien para grabar su siguiente disco. No se arrepintieron. Nos hicimos supercolegas, siempre me trataron como una más y me lo pasé increíble con ellos.

Empezaron los ensayos, y mi madre y yo dormíamos en una habitación de un hostal en Sol. Yo lloraba porque no teníamos tele… Y, gracias a una de las peluqueras de *Física o química*, pudimos cambiar de aires. Ella tenía un loft pequeñito que podía alquilarnos y, así, mi madre y yo nos trasladamos a una casa de verdad.

Con cada día de ensayo me encontraba más a gusto. Todos los actores eran increíbles y majísimos. Y también guapísimos. Hicimos mucha piña. Estuvimos dos semanas así hasta que empezamos a rodar.

Los madrugones, las risas, el aprendizaje, las fiestas… Éramos una familia. Fueron tres años de aprendizaje en todos los sentidos. Y en el momento de más trabajo, más éxito…, estallé. Tenía que pasar.

Me enamoré de un guitarrista de mi edad. No fue una relación idílica, más bien tormentosa y tóxica. Le quería, sí, pero estaba obsesionada. Y cuanto más te joden, más te enganchas.

Teníamos diecisiete años y toda la vida por delante; él no paraba de irse de gira con su grupo para telonear a El Canto del Loco y, claro, el chico tenía que disfrutar. Y con disfrutar me refiero a liarse con todo lo que se meneaba; os juro que con esa edad lo puedo entender, pero, vamos, entonces no tendría que haber tenido novia, porque algunas veces aquello fue muy descarado. Prácticamente delante de mí.

Así que empecé a volverme literalmente loca.

A él le gustaba mucho salir de fiesta. Yo nunca he sido mucho de salir, pero me quedaba hasta que cerraba el bar por vigilarle y por estar con él. Volvía a mi casa, me duchaba y me iba a rodar, pero sin haber bebido ni una gota de alcohol. Fumándome muchos cigarros y con Red Bull en vena, eso sí.

Cuando él se iba de gira, yo no dormía. Daba vueltas en la cama mientras esperaba su llamada (siempre a

las tantas) o yo le telefoneaba mil veces porque sabía que estaría con alguien. Intentaba controlarlo todo.

También recibí mensajes de su exnovia por Tuenti en los que me decía que se había estado acostando con ella todos esos meses…

En aquel momento, yo ya vivía sola porque, cuando cumplí dieciocho años, le había pedido a mi madre que se fuera porque quería probar cómo era vivir sola. Durante unos meses vino a vivir conmigo una de mis mejores amigas, Elena, que incluso estuvo trabajando de figuración en *Física o química* y todo. Una risa. Ella también estaba preocupada por lo que me estaba pasando, pero a esa edad no somos tan conscientes de lo que nos sucede.

Creo que en aquel momento fue cuando descubrí lo que era la ansiedad.

No dormía pensando en qué estaría haciendo mi novio, con cuántas se estaría acostando. Mi autoestima estaba por el suelo.

No podía dejarle. Estaba obsesionada con él y me quería tan poco que aguantaba.

Estaba en una serie de éxito, tenía conciertos por delante, algo de dinero, pero no era feliz.

Tuvimos días muy bonitos, todo hay que decirlo, y nos llevábamos muy bien, pero lo malo era mayoría. Me volví una chica triste y enfadada, sin ganas de nada. Dejé de hacer piña con los compañeros de *Física o quí-*

mica, que intentaban hacerme ver que aquello no era normal y que no debía de estar con él, pero yo no era capaz de verlo y, al final, dejaron de intentar que cambiara de opinión.

Ellos también nos conocían muy bien, porque al final salíamos todos juntos y esas noches siempre pasaba lo mismo: discutíamos, nos insultábamos y la liábamos: yo por intentar controlarle y él por dejarse llevar. Creo que nunca me llegué a divertir. Ahora mismo pienso en aquello y se me hace un nudo en el estómago. Pero le perdono. No era mal chico. No es mal chico. No era el momento y estábamos aprendiendo, ya está, pero yo era muy vulnerable y estallé.

De manera que, tras dos años de relación, lo dejamos.

Para quienes no lo sepan, *Física o química* fue una serie ambientada en un instituto con las movidas típicas de los adolescentes (sexo, alcohol, drogas, racismo, homofobia) y las relaciones entre ellos y sus profesores. Se emitió durante tres años (2008-2011) y, una década más tarde, se hicieron dos capítulos especiales con el título *Física o química: el reencuentro* (2020).

Fue una serie que tuvo mucho éxito en su momento e incluso hoy día. Ahora se puede encontrar en diversas plataformas y los adolescentes de ahora siguen viéndola. Han pasado quince años desde su estreno y en el primer año de la pandemia, recibimos una llamada para hacer la secuela que ya he comentado. Los dos capítulos de los que constaba nos supieron a poco. Se nos hizo corto y nos hubiera encantado estar más tiempo juntos. Además, los fans de la serie se quedaron con ganas de más.

Fue precioso volver a reencontrarme de verdad con mis compañeros, que fueron una familia para mí, y que ellos vieran a una Angy más madura, y no esa nube negra que paseaba por los pasillos del instituto Zurbarán cuando rodábamos porque estaba muy triste. Lo pasamos increíble rodando y, a partir de entonces, hemos vuelto a retomar más el contacto. Siempre serán gente muy especial para mí. Todos y todas.

Todo estalló. Desde que empecé el rodaje y conocí a ese chico.

Todos esos miedos e inseguridades, el miedo al abandono, la baja autoestima.

Me sentía la mayor mierda del planeta.

No me pasaba así las veinticuatro horas del día. Iba a trabajar, también tenía buenos momentos con mis compañeros, pero sí que había una parte del tiempo, sobre todo cuando llegaba a casa, que lloraba, sentía ansiedad, no controlaba mis impulsos…

No sé cómo describirlo, porque no todo fueron malos momentos, pero es que lo recuerdo y siento un puñetazo en el estómago y ganas de ir al baño. Me cuesta hablar de esto que viví y sentí.

Por entonces yo llevaba unos meses trabajando en mi primer musical, *40. El Musical*, que empecé con mucha ilusión, pero tampoco fui capaz de disfrutarlo como se merecía. Era un sueño hecho realidad: mi primer musical y en la Gran Vía de Madrid.

Estaba disfrutando de una fantasía cumplida y, al mismo tiempo, estaba enfermando. Salía de la grabación de la serie y me iba al teatro. Después a dormir y al día siguiente a grabar otra vez.

Justo entonces, al fin, empecé a acudir a una psicóloga que me recomendó un compañero de la serie. Pero estaba empezando y, con estas cosas, hay que tener paciencia. Yo no sabía qué me estaba pasando.

Cuando digo que no pude vivir el musical como hubiera deseado, hablo de esa sensación de tristeza, cansancio y ansiedad que no me dejaba disfrutar. A veces, me bloqueaba y no me sentía con fuerzas para salir al escenario. Había una chica que me cubría y varias veces tuvo que salir ella a sustituirme.

Entré en otra relación muy rápido porque era incapaz de estar sola y fueron otros dos años muy complicados. Éramos dos personas rotas intentando sobrevivir. No fue fácil.

Yo había entrado en una dinámica muy fea con mi anterior pareja y ya todo el tiempo pensaba que me iban a poner los cuernos. La ansiedad empezó a ser mi compañera del día a día y, cuando algo no me gustaba en esa relación, no era capaz de expresarlo con respeto. Con tal de no estar sola, aguantaba…

No quiero hablar solo de las parejas, pero es importante recalcar ese miedo que tenía a estar sola y no quiero obviarlo. Quería compañía e idealizaba una vida bonita con alguien. Mis padres se separaron cuando yo tenía dos años, así que no disponía de referencias. Anhelaba lo que no viví de mis padres. Anhelaba lo que nos vendían en las películas. Y lo peor de todo, le daba más importancia a una pareja que a mi bienestar o a mi trabajo. Quizá ese sea uno de los motivos por los que las cosas a nivel laboral se han ido manteniendo, pero no he llegado adonde quería llegar. Demasiado foco en el otro. Aún estoy a tiempo.

Hoy en día lo reconozco y sigo trabajando en ello porque, no os voy a engañar, sigo poniendo mucho el foco en el amor, aunque no creo que sea malo tener tu foco ahí, siempre y cuando sepas mantener los demás encendidos hacia los caminos que quieres tomar. Hablaré en profundidad de todo esto más adelante…

Ya hacía un tiempo, desde la época de mi otra relación, que notaba que todos los días algo me sentaba mal. Diarrea, náuseas, adelgazamiento (y ya soy una persona de complexión delgada), mareos…

Finalmente, el director del musical, Miquel Fernández, un actor y cantante al que admiro mucho y que me trató siempre con mucho amor y cariño, me preguntó si realmente quería estar allí. Y sí, claro que quería, pero no podía. No era el momento. No era mi momento para cumplir ese sueño y decidí dejar la obra. Estuve un tiempo así hasta que mi madre me obligó a hacerme unas pruebas y en ellas salió que era celiaca. Sí. Celiaquía, ansiedad y depresión: todo va un poco de la mano. El estómago es nuestro segundo cerebro, como he dicho antes.

En esos dos años que podrían haber sido tan bonitos y que yo no pude disfrutar como creo que merezco, vivía con Beltrán en un pisito de la calle Conde Duque. Ya llegué con Noel a esa casa. Un día entré en la tienda de animales y lo compré, y más adelante a Elvis (a mi ex se le antojó), como quien va a una tienda a comprarse un pantalón.

Nunca más voy a comprar un animal y estoy totalmente en contra de los criaderos, pero no había tanta conciencia sobre el bienestar animal en el año 2009, y yo hacía las cosas sin pensar. Pero aun así, Noel y Elvis son lo que más he querido en este mundo y fueron parte de mi salvación y de mi mejora.

Mi amigo Beltrán y yo hemos vivido momentos muy increíbles, pero es cierto que ese año que vivimos juntos era cuando peor estaba. Teníamos días buenos, venían amigos a casa a tomar algo, veíamos *Gran hermano* y cotilleábamos. Nos hacíamos compañía, pero él tuvo que ver y aguantar cómo me iba rompiendo. Mi madre, preocupada, se pilló un piso de alquiler cerca. Vino desde Mallorca para estar a mi lado. Mi santa madre…

Alguna vez Beltrán la tuvo que llamar porque no sabía cómo ayudarme. Eternamente agradecida de tenerle aún en mi vida y por haber estado ahí. Beltri es de los pocos amigos que tengo de verdad. De esas amistades en las que te conoces tanto y de las que, aunque pasen semanas sin hablar, no se reprochan nada. Sé que estará ahí si lo necesito, al igual que yo siempre le he dicho lo mismo: ESTOY AQUÍ. Es posible que sea una de las personas que más me conoce. Perdón, amigo, y GRACIAS. Nos quedan cosas buenas por vivir. Estoy segura. Y míticas, porque hemos vivido momentos muy buenos y míticos.

Me encantaría poner aquí nuestra foto con Snooky, de *Jersey Shore*, después de que me obligaras a hacer cola en una tienda de chucherías para conseguirla, nuestra foto con Belén Esteban, la de cuando fuimos a la casa rural, las de Disneyland París y mi obsesión por montar en la misma atracción varias veces o la foto de cuando me acompañaste a cantar en el Primavera Pop de Los 40 y conociste a alguien a quien admiras mucho, Amaia Montero. Tu cara de felicidad la recordaré siempre.

Justo después de acabar *Física o química*, rodé mi primera película en Sevilla. Las protagonistas eran Nadia de Santiago y Verónica Forqué.

Hice un casting recomendada por una coach que teníamos en *FoQ* para ayudarnos con las escenas más complicadas. El papel era el de la amiga de Nadia, *Ali*, que es como se llamaba la película. Estaba muy ilusionada, pero, como estoy contando, en esa época no estaba bien y la depresión y la ansiedad estaban bastante latentes. Pero seguía teniendo momentos de ilusión y ganas. Cada vez eran más escasos, pero ahí estaban.

Fue mi primera película, y con dos grandes actrices. Otro sueño hecho realidad. Además, unas personas maravillosas.

Era la primera película que dirigía Paco Baños y siempre le agradeceré haberme dado esa oportunidad.

Recuerdo cuando salió el DVD de la película y me la compré en la FNAC y arriba, en el lateral derecho, ponía, en letra pequeña: «Con la colaboración especial de Angy Fernández». No sé quién decidió poner eso, pero no me creo merecedora de tal cosa.

Tal vez en ese momento no era ni consciente del valor que se me daba. Eso se lo ponen a actores consagrados, importantes, y yo no lo era.

En este libro me estoy abriendo y me duele volver a recordar que otra vez más no pude disfrutar de mi trabajo, de mi sueño. Me siento mal conmigo misma y no me gustaría que nadie que lea esto piense que soy una desagradecida. Es posible que lo fuera, pero no era consciente.

Aquel no fue un viaje agradable, ya que mi mente, de nuevo, no me dejó disfrutarlo.

Llegué al apartamento del barrio de la Alameda, en Sevilla, que me habían buscado para el rodaje. Estábamos en julio y el calor era insoportable. Era un lugar precioso. Sevilla es preciosa, pero entonces yo no veía lo bonito de la vida. Mis taquicardias se iban agravando y sentía que cada vez caminaba más hacia dentro de la oscuridad. Y no, no tomaba ningún tipo de droga. Menos mal.

Nada más llegar al apartamento, tuve un ataque de ansiedad. Llamé a mi madre y le pedí que, por favor, viniera conmigo a Sevilla; estaba desesperada: no sabía cómo iba a aguantar un par de semanas allí. Tenía miedo. Sentía que estaba totalmente sola, pero también que había algo o alguien ahí conmigo, en aquella habitación. Nunca había sentido tanto pánico.

Al día siguiente mi madre se presentó en Sevilla. La niña que no crecía, que necesitaba a su madre. Y con veintiún años. Así era yo… Y mi madre atendía mis peticiones. Lo siento, mamá.

Recuerdo días concretos del rodaje, el calor insoportable, el despliegue del equipo, momentos de risa con mis compañeras Nadia y Clara. Recuerdo que Nadia tampoco estaba en su mejor momento, pero se lo curró muchísimo en el rodaje y siempre tenía una sonrisa para todo el mundo. Recuerdo a la gran Verónica Forqué, que vio en mis ojos que algo no andaba bien y dedicó varios momentos a darme alguna que otra charla alentadora, además del teléfono de un par de personas que podían ayudarme: su médico de cabecera y un terapeuta. Aunque, más bien, creo que era un psiquiatra.

No la conocí tan bien como me hubiera gustado, pero Verónica era una persona empática y sensible. Muy sensible. Y buena. Siento mucho tu sufrimiento y que la vida te superara. Espero que por fin estés descansando. Allá donde estés, gracias.

Después de acabar el rodaje, no volví a ver a mucha gente que trabajó allí. Años después, tras el fallecimiento de Verónica Forqué, escribí al guionista y director de la película para darle las gracias por la oportunidad y también para pedirle perdón por no haber estado a la altura. Yo no estaba en plenas facultades y no sé cómo me debieron ver allí, si como la típica niña nueva famosa que se cree por encima de los demás, cuando era más bien lo contrario: lo único que me pasaba es que estaba triste y tenía miedo. Él me devolvió un mensaje muy cariñoso y me quedé un poco más en paz…

Poco después de finalizar el rodaje, me comentaron que la reputada productora Gestmusic (la creadora de *Lluvia de estrellas*, *OT*, *Crónicas marcianas*…) iba a hacer un programa que me pegaba mucho. Había que imitar a cantantes.

Querían a ocho personas famosas, y no hacía falta que todas cantaran precisamente bien. Propusieron mi nombre y un día volé hasta Barcelona para conocer a Tinet Rubira, Noemí Galera, Ismael Agudo, Laia Vidal…

—Esta era la antigua academia de *OT 1* —dije.

Imaginaos mi cara, como buena fan que era.

Allí me comentaron de qué iba a ir el programa y me preguntaron por una lista de cantantes a los que me gustaría imitar.

Michael Jackson, Lady Gaga, Christina Aguilera, Britney Spears y David Bisbal fueron los primeros nombres que me vinieron a la cabeza.

Me respondieron que les encantaría contar conmigo y que me dirían algo pronto.

La primera edición de *Tu cara me suena* estaba a punto de comenzar.

El único problema que yo tenía en ese momento es que todo el mundo quería sacar tajada de mí. Varias personas cobraban de mi salario, incluso, algunas de ellas ni siquiera eran de mi equipo y eso no era lo normal. ¿Qué pintaba toda esa gente ahí? No fui consciente de ello hasta que llegamos casi al final del programa.

Lo que más me molesta es que se aprovecharon porque yo era muy joven y tenía muy poca experiencia. El programa, por supuesto, no tenía absolutamente nada que ver con esas decisiones. Pero ya está. No va a volverme a pasar y, honestamente, en *Tu cara me suena* fui feliz.

Así que no quiero centrarme en lo malo, pero solo me gustaría que veáis que hay que tener mucho cuidado, porque de mí se han aprovechado en varias ocasiones.

Han pasado ya trece años de aquello y hay gente que me continúa parando por la calle para decirme que le encanté en *Tu cara me suena*: mi imitación de Freddie Mercury, el *Lady Marmelade* de la gran final...

¿Como es posible que, después de tantos años, se sigan acordando? Con eso me quedo, es precioso. Yo no era la mejor imitadora y era la primera edición, así que era todo una prueba. Cada año, el programa se supera más: el equipo de caracterización, los concursantes... Hay mucho nivel y el primer año consistía en eso: jugar, probar. Y eso hice: jugar y disfrutar, algo que hacía mucho que no me sucedía.

Esos tres días a la semana que pasaba en Barcelona eran mi momento de evasión del mundo. Era la pequeña y todo el mundo me cuidaba; me hacían reír, me reía muchísimo, me encantaba disfrazarme y cantar esas canciones. Me sentía muy cuidada y atendida.

Hice muy buenas migas con todos, pero en especial con el amiguete, con Santiago Segura. Tanto es así que la siguiente película que hice en mi vida fue *Torrente 5*.

Me proclamé ganadora de *Tu cara me suena*. Fui la primera ganadora mundial. Guau, es fuerte...

Pero ¿sabéis qué pasó después de eso? Recibí llamadas de mánagers, intenté lidiar con todo lo que había pasado con el tema de tener tantos beneficiarios de mi salario, me prometieron cosas, pero, de repente, me encontré con unos meses en la nada absoluta. No tenía nada. Yo no soy compositora y no había pensado en aprovechar el tirón de *Tu cara me suena* para sacar un disco o un single. Tampoco se le ocurrió a Sony.

Volvía a salir dentro de mí esa tristeza y esa oscuridad; seguía en una relación tóxica, que acabó no mucho después...

Finalmente me cambié de mánager. Mónica Naranjo y su mánager, Óscar Tarruella, entonces también su marido, me cogieron de la mano, me abrieron las puertas de su casa y me trataron como una hija.

Allí me sentí protegida y querida. Mónica era dulce, buena, me escuchaba, hacíamos la cena juntas, nos tomábamos un par de copas de vino y hablábamos de la vida. Compuso una canción pensando en mí y un día me la enseñó.

Yo tiendo a ser indecisa. No suelo tener claras las cosas en un primer momento y, honestamente, estaba perdida. Como siempre, no sabía qué quería cantar. La canción era un buen tema y ahora me gusta mucho, pero, en ese momento, no sabía si era lo que quería. Mi indecisión cansa y cansó a Mónica y las cosas empezaron a cambiar…

Saqué mi segundo disco con canciones que elegimos rápidamente de un catálogo, casi sin sentido, y lo titulamos *Drama Queen* (obviamente, el título lo elegí yo, porque una es dramática e intensa). Tomé malas decisiones. Foco en otro sitio. Ya iba a terapia, pero aún me quedaba mucho por hacer…

Después de eso, Óscar Tarruella, Mónica Naranjo y yo tomamos caminos separados.

Me sentí abandonada de nuevo, pero es que en la vida hay que aprender a dejar ir…

Todo esto pasó después de un tiempo que… ¿cómo podríamos calificarlo? Con la de cosas buenas que viví y lo mal que estaba conmigo misma… No sé cómo calificarlo, pero esa explosión me ha llevado hasta aquí, me ha hecho crecer y me ha hecho escribir.

CAOS. Vamos a llamarlo «caos».

Todo esto pasó después de este siguiente capítulo que os voy a relatar, porque en medio de ese CAOS, de esa depresión, empecé a tomar pastillas y estaba un poco mejor. La medicación da miedo, lo sé, pero ayuda. Siempre con el seguimiento del psiquiatra y sin dejar la terapia, porque las pastillas son un alivio, pero cuando es por un trauma (la mayoría de las veces) son solo un parche. Tomar medicación creo que es una ayuda para sanar aquello que te hace mal, si no es algo crónico. Te allanan el camino, porque a veces no se puede hacer sola y NO PASA NADA. No hay que sentirse culpable por ello. No creo que sea de valientes, pero tampoco creo que sea cobarde utilizarlas. REPITO: con un médico, con control y sin dejar de ir a terapia.

A pesar de la medicación, seguía siendo un CAOS y no aproveché las oportunidades. Tenía veintidós años. Había vivido mucho y muy rápido. No se cambia de la noche a la mañana (a veces no queda otra), pero necesitaba vivir, hacer lo que me diera la gana, y por eso, me fui a Los Ángeles. El nivel de serotonina había subido y quería VIVIR.

2012. Dejarse ir: Los Ángeles

Fotografiada en Los Ángeles
por Dave Mushegain.

Mientras escribo, suena «Californication», de los Red Hot Chili Peppers. Una canción que habréis escuchado una y mil veces, porque es de las más conocidas de uno de mis grupos favoritos y que da nombre a su álbum publicado en 1999, y cuyo título tengo tatuado en el brazo izquierdo.

A veces, voy en un taxi con la radio puesta y de repente suena «Californication» y siento que algo bueno va a pasar, que es una señal. He tenido esa sensación más de una y más de dos veces. No sé si algo bueno me ha pasado después, pero eso no es lo que importa.

No sé en cuántas ocasiones la he escuchado, pero cada vez que la oigo me emociona hasta soltar alguna lágrima. La letra no es precisamente positiva, pero me gusta mucho. Año 1999: Los Ángeles, pioneros de los reto-

Californication

ques estéticos. Ahora es algo mundial. Todos se fijaban en Hollywood. Todos nos fijamos en Hollywood. El mundo superficial en el que vivimos ahora empezó muchos años atrás en esa ciudad a la que tengo tanto cariño.

Pay your surgeon very well to break the spell of aging.
Celebrity skin, is this your chin, or this war you're waging?
First born unicorn.
Hardcore soft porn.
Dream of Californication.

[Paga muy bien a tu cirujano para romper el hechizo del envejecimiento.
Piel de celebridad ¿es esta tu barbilla o la guerra que estás librando?
Primogénito del unicornio.
Porno suave hardcore.
Sueña con californicación (no hace falta traducir el título, ¿verdad?)].

Rosalía, en su álbum *Motomami*, tiene una canción preciosa que escribió durante la pandemia en Los Ángeles: «G3 N15».

Estoy en un sitio que no te llevaría.
Aquí nadie está en paz entre estrellas y jeringuillas.

Estrellas de mármol cortadas en el suelo.

Papelas por las calles donde pasean los modelos.

Dream of Californication

Fue en el año 2012 en el que creo que mi cabeza se re-
lajó un poco y se dejó llevar más. A veces incluso un
poco de más. No pensaba en las consecuencias de nada.
Solo me faltaba drogarme, cosa que nunca he hecho
por el miedo que le tengo; doy gracias por no haber
probado nada más que la marihuana.

Después de dos relaciones de dos años bastante ca-
tastróficas y dolorosas, estaba soltera. Compartía piso
con dos personas muy importantes en mi vida, Elena
y Marc, en un ático que ahora es impensable tener por
el precio que pagábamos entonces, una terraza de en-
sueño… Mis perros eran felices, invitábamos a gente,
veíamos películas, éramos una familia.

Es verdad que en este tiempo no tenía trabajo a la vista y eso me preocupaba, pero iba tirando de los ahorros. Siempre había querido irme fuera a estudiar, pero, como había tenido la suerte de empalmar un trabajo con otro, no había surgido el momento. Uno de mis mejores amigos se iba a hacer un máster a Los Ángeles ese verano y me preguntó si me apetecía ir allí. Me recomendó una agencia que organizaba el viaje para ir a una escuela de inglés. Te buscaban alojamiento, la escuela... Me hizo mucha ilusión.

Mi madre estaba preocupada porque me fuera tan lejos y gastara dinero sin tener trabajo a la vista, pero tenía que hacerlo. Ella se quedó con mis perros Elvis y Noel ese tiempo. Me daba mucha pena separarme de ellos, pero tenía la suerte de que podían quedarse con mi madre y sabía que iban a estar muy bien.

Así que, en julio de 2012, cogí ese avión rumbo a La La Land.

Una semana antes del viaje a Los Ángeles se celebró el Rock in Rio en Madrid. El mismo día, tocaban los RHCP e Incubus, dos de mis bandas favoritas. Convencí a dos amigas, Elena y Laura, para que hicieran cola conmigo todo el día y así poder estar en primera fila. No eran tan fans como yo, pero les pareció divertido.

Compradas las entradas, no voy a mentir, intenté

conseguir algún pase vip, que a veces me daban por eso de haber salido en la tele. Pero, bueno, la zona vip no estaba cerca del escenario y lo que yo quería era vivir el concierto. Y vaya si lo vivimos...

Hacía un calor tremendo y llevábamos horas ya en la cola, con un paraguas para taparnos del sol y nuestro bocadillo. Nos hicimos colegas de unos chicos que estaban al lado, pero lo único que yo deseaba era que abrieran las puertas para correr y situarme cerca de mi grupo favorito. De repente apareció un fotógrafo con varias acreditaciones colgadas que eran de los RHCP. Era su fotógrafo oficial y hoy día sigue trabajando con ellos. Estaba haciendo fotos en todos los conciertos y en la cola a los fans para un libro que sacaron llamado *Fandemonium*, en el que yo salgo. ¿Por qué yo?

Aquel hombre estaba haciendo fotos y justo en ese momento vinieron unos chicos a preguntarme si era la de *Física o química* y me pidieron una foto; él vio la escena y me preguntó que por qué me pedían fotos. Yo aún no había hecho el curso de Los Ángeles, así que no hablaba muy bien inglés, pero Laura sí y, además, tenía mucho morro e intuición. Aquella conversación en la cola se saldó con la foto que salió en el libro y con un «Creo que puedo hacer que conozcas a tu grupo favorito».

Nos dijo que cuando estuviera acabando Incubus, el grupo que tocaba antes de RHCP, vendría a buscarnos y me colaría en el *backstage*. Teníamos que correr tanto como pudiéramos para que él nos viera al entrar. Cuando al fin abrieron, corrimos como locas, pero nos quedamos en la cuarta o quinta fila. Yo ya estaba convencida de que no vendría y de que, si lo hacía, no me vería.

Hice cuanto pude por disfrutar del concierto de Incubus, pero me era imposible concentrarme. Estaba sonando «Love Hurts», de Incubus y, de repente, el fotógrafo, que se llama Dave, apareció flanqueado por dos seguratas gigantes. Me encontró entre el público y me cogieron para llevarme dentro. Mis amigas gritaban. No nos lo podíamos creer.

En el *backstage* conocí a los RHCP, que me invitaron a un plátano, y entonces les dije que en una semana iba a estar en Los Ángeles.

—Igual podemos hacer algo para que venga a nuestro estudio —dijo el *fucking* Anthony Kiedis.

O eso entendí…, como que igual podíamos tener alguna reunión. Yo os juro que no comprendía nada de lo que estaba pasando.

Cuando ya me despedí, después de hacerme las fotos con ellos, Dave me acompañó a mi sitio y me preguntó que si quería ver el concierto desde el escenario. Ya me avisó de que no se escucharía muy bien, pero a mí me daba absolutamente igual. De hecho, estaba tan fuera de mí que me atreví a preguntar si podían venir mis amigas. Fueron a buscarlas y vimos las tres juntas el concierto. Creo que nunca había sentido tanta felicidad en mi vida. Se oía mal, pero me daba lo mismo. Estaba viendo a mi grupo favorito desde el escenario y tenía a los Incubus al lado. Creo que fue una de las mejores noches de mi vida.

¿Sabes cuando te dicen eso de que si deseas algo mucho se acaba cumpliendo? Eso parecía. Si ya tenía ganas de ir a Los Ángeles, imaginaos después de todo aquello.

Unos años antes, me pasó algo muy increíble también. Tengo una foto con Liam Gallagher. Fue en el año 2009, en el FIB. A punto estaban de anunciar su separación y un par de semanas antes fui a Londres por primera vez con un grupo de amigos para verlos tocar en el Wembley. La historia de la foto está en mi Instagram, por si queréis leerla y ver la foto. Yo deseaba conocer a mis ídolos. Sentía ilusión por ir a sus conciertos. Sigo manteniendo la ilusión de ir a conciertos. Es un lugar donde me libero, disfruto, me dejo llevar. Es de mis cosas favoritas del mundo. Ahí está la prueba de que si pones tu deseo y energía en algo, sucede. Esa energía está enfocada ya en otro sitio.

Cuando llegué a Los Ángeles, dejé las maletas en mi apartamento de Marina del Rey, cerca de Venice Beach.

Compartía piso y habitación con una chica italiana majísima. No me apetecía convivir en el mismo cuarto, pero no siempre se puede elegir. Quedé con mi amigo Beltrán, que ya llevaba unos días allí y nos fuimos a pasear por las calles de Hollywood. Así empezaba mi sueño americano.

La escuela estaba en Santa Mónica. Alquilé una bici e iba desde Marina del Rey a Santa Mónica por el carril bici de la playa con mis cascos puestos. Estaba feliz. Sonaban los Red Hot mayoritariamente: desde la semana anterior no podía salir del bucle.

El mar, el sol californiano, su gente variopinta, el verano… Paseaba mucho sola por Venice Beach y me sentía una «Venice Queen» (otra canción de los Red Hot). Igual me estaba flipando un poco, pero me habían pasado cosas chulas ese año y me gustaba sentirme así. Pensé en quedarme allí a vivir, en probar suerte como actriz. Para soñar no hay límite.

No tardé demasiado en volver a las andadas y dejar las clases: siempre me han costado las rutinas y el estudio reglado en las aulas. Y para colmo apareció sin que lo buscara el mejor plan B: un novio norteamericano. Y eso que, precisamente, yo quería aprovechar la estancia para aprender a estar sola, pero no sabía hacerlo y, aún hoy día, me sigue costando.

Brandon era un estudiante de UCLA (la Universidad de California Los Ángeles), donde mi amigo Beltrán estudiaba su máster, y se había quedado ese verano trabajando en Westwood para ganarse un extra como *landlord*: era una especie de portero de los apartamentos de los estudiantes de la universidad y me lo presentó Beltrán, que vivía en uno de esos pisos. Brandon era rubio, con los ojos azules, surfero, de Orange County, altísimo, casi demasiado alto para mí. No me pegaba absolutamente nada, pero era muy agradable y me gustó. Brandon fue el motivo por el que dejé de asistir a clase y por el que, durante un año, me gasté mis ahorros en ir y volver de Madrid a Los Ángeles.

Siempre había soñado con estudiar un curso de teatro musical en Nueva York y, de repente, Los Ángeles se convirtió en un sitio interesante. Música y cine, nada de musicales. ¿Podría tener alguna oportunidad allí?

Me acordé de lo que me había dicho Anthony Kiedis en el camerino del Rock in Rio. *Spoiler*: No pasó. Pero sí volví a vivir algo muy especial. Vi que, durante esa misma gira donde había conocido a los Red Hot, tocaban dos noches seguidas en el Staples Center, el pabellón de los Lakers, en pleno *downtown* de LA. Y entonces decidí jugar la carta del fotógrafo. Le escribí y le pregunté si existía la posibilidad de conseguir alguna entrada. Donde fuera: en pista, sentada. Me dieron entradas para los dos días y, además, vip.

Tenía un colega, Álex, en San Francisco. Era un amigo español de un ex que tenía una banda tributo a los Red Hot y, unos años atrás, nos habíamos quedado varios días en su sofá en San Francisco. Le escribí sin pensármelo dos veces. Mi amigo Beltrán no escuchaba a los Red Hot y no le hacía ilusión ir a verlos, así que pensé que era un gesto bonito y que vivirlo con alguien que era tan fan iba a ser especial.

Entonces, Álex se vino desde San Francisco sin dudarlo. El día del concierto estábamos en una sala vip tomándonos una copa de champán con gente muy bien vestida… o sea, yo estaba flipando. No entendía nada. Estaba nerviosa. El concierto fue una pasada y, sí, luego pudimos entrar a los camerinos a saludarles. No me atreví a pedirles una foto: no hay que abusar. Estaban los familiares, los hijos… Recuerdo a Anthony con su hijo encima de sus hombros diciéndome: «*Welcome to LA, Angy Fernandes*».

Al día siguiente volví; ese día no entré a saludar a nadie porque ya me parecía un abuso, pero fue un concierto chulísimo. Ese día lo vimos en otras gradas. ¿Como no iba a querer quedarme a vivir allí? Pensaba en mis perros, en mi carrera, pero sí que es cierto que sentía una especie de libertad diferente que me estaba permitiendo vivir ese momento sin pensar en el mañana, cosa que ahora mismo me resulta impensable.

Finalmente aprendí mucho inglés. Había cumplido mi objetivo, y eso que solo fui a clase una semana de las cuatro que duraba el curso… Siempre igual, lo de ir a clase no es lo mío. Maldito déficit de atención.

Mi relación con Brandon duró un año, más tiempo no podía alargarse, pero nos llevamos bien: hace un par de años viajó a España y me vino a ver al teatro. Su familia me trató con mucho cariño, como si fuera una más. De hecho, querían ayudarme si decidía quedarme en Estados Unidos. Escucharon mis canciones, vieron mis actuaciones en YouTube, me cuidaban mucho. Ellos vivían en Orange County y siempre que iba a LA, íbamos a visitarlos. Tenían una casa preciosa. Recuerdo ver la Superbowl de Beyoncé en esa casa con todos los colegas de los padres pendientes del fútbol americano y que yo fui la única que en el descanso se puso delante de la tele como una loca para ver a Beyoncé.

Beyoncé es Dios. Ya está. Ya lo he dicho.

También tenían una casa en Sedona, Arizona: uno de los sitios más bonitos que yo he visto jamás. Su idea era vender la casa de Orange County e irse a vivir allí. También era una casa increíble…

Siempre que podía, tenía algún detalle con ellos. Creo que algún día volveré a encontrármelos. Me gustaría ir con mi chico a verlos a Sedona, invitarlos a cenar. Fueron muy agradables siempre y me trataron como una hija, y eso casi sin conocerme, así que les agradezco su hospitalidad y su cariño. ¿Es raro ir con mi nuevo novio a visitarlos? Bueno, ellos me escribieron hace unos años para decirme que fuera cuando quisiera, que estaba invitada.

Hace ya muchos años de aquello y no pasa nada porque esa relación no funcionara. Nos guardamos cariño, vivimos momentos buenos, yo aprendí muchísimo y a otra cosa. Realmente no teníamos nada que ver, y eso también es lo bonito. Cada persona que llega a tu vida es para enseñarte algo: lo que quieres y lo que no quieres.

Y después de dos relaciones tormentosas, yo no estaba muy en mi centro, que digamos.

Los celos, la distancia, la juventud, la diferencia de altura (es broma)… Era difícil de llevar y yo aún tenía mucho que sanar.

—Imagínate vivir toda la vida con miedo —me dijo el otro día mi psicóloga—. ¿De verdad quieres eso?

—No —respondí.

Pues eso: Los Ángeles es un sitio con luces y sombras, aunque esté soleado prácticamente siempre, un lugar donde los sueños pueden hacerse realidad y también truncarse. Donde viven mis ídolos, donde mueren mis ídolos. Recuerdo pasar por el hospital donde había muerto Michael Jackson, por el hotel donde también hallaron a Whitney Houston, y sentir escalofríos.

Los Ángeles, donde se hacen grandes películas y se graba tu serie favorita. Ves la riqueza y la pobreza en todo su esplendor. Parece que no hay punto medio en Estados Unidos.

Los Ángeles me enseñó a estar un poco más sola conmigo y a disfrutarlo, a motivarme, a perder la vergüenza, a dejarme llevar. Niveles de dopamina ALTOS. Tengo ganas de volver. No sé qué sentiré, pero pienso en estar allí y me pongo nerviosa. Mucha nostalgia, pero fui feliz. Qué bonito pensar que tuve luz entre tanta sombra, una sombra creada por mi mente y que viene de mis traumas y carencias, y no me deja fluir y vivir como me gustaría, pero que allí tuve una tregua mental. He tenido varias durante estos años. Ahora me gustaría que se prolongaran en el tiempo.

La llamada

Recuerdo cuando me citaron los Javis en el Celicioso aquella tarde de marzo de 2015. Yo iba con muletas porque me había roto el ligamento cruzado. Pensaba que era más grave, y si ese año no había nada de trabajo, me operaría; pero después de esa reunión, ni de broma iba a estar seis meses de baja.

—¿Vas a poder bailar el SuMa Latina con tacones estando así?

—Sí, claro.

Gym, rehabilitación y por mis ovarios que yo iba a estar haciendo de Susana Romero en *La llamada*.

Solo serían dos meses y medio, mientras Anna Castillo se iba a grabar la película que le hizo ganar su primer Goya. No quería perder la oportunidad.

Había visto la función y me encantaba. Me hacía mucha ilusión que hubieran pensado en mí, como siempre que alguien piensa en ti para un trabajo directamente; pero más, por ser ellos, porque se veía venir todo lo que iban a conseguir. El talento, el tándem, se veía plasmado en esta función tan especial. He hecho *La llamada* durante ocho años interrumpidamente, además de otros proyectos. Con una pandemia de por medio, con meses de viajes. Pude hacer la obra *La comedia de las mentiras* en el festival de teatro de Mérida en 2017 (un sueño para los actores y las actrices actuar allí) y la gira posterior, y después volver a casa. Porque *La llamada* es casa. Aunque yo no estuve en el proyecto desde el principio, llegué en un momento precioso en el que los Javis estaban ya con los preparativos de la película y de la primera temporada de *Paquita Salas*, no paraban de crear. Vivían al lado del teatro y venían todos los días a ver la función. Me apoyaban y me daban notas, si las necesitaba, pero me dejaban volar. Ese verano en el Campamento La Brújula fue muy especial.

Hice piña con absolutamente todo el equipo. Un equipo muy unido que me acogió y me ayudó en todo. Con mi amiga Claudia Traisac, a la que quería y admiraba mucho como actriz (habíamos coincidido en *Hoy no me puedo levantar*), con Gracia Olayo, Belén Cuesta y Richard Collins Moore, el único dios verdadero. Y los músicos. Mis amigos.

Se iba yendo la gente, entraban otras grandes actrices, y yo seguía ahí…

Todas empezaron a subir como la espuma, los Javis seguían creciendo y yo deseaba recibir otra llamada para que me dieran algún papel en alguno de los proyectos tan increíbles que estaban haciendo.

Aún no ha ocurrido, pues somos muchas actrices y entiendo que no hay hueco para todas, pero me dieron la oportunidad de estar en *La llamada* durante todos estos años, donde he crecido como actriz, porque me he sentido LIBRE, y en la libertad está todo.

No he parado de jugar, de volar, de divertirme. En esas literas del campamento que sentía que eran mi cama. Luego nos fuimos de gira y eso fue tan divertido… Hemos vivido muchas cosas. Yo algunas menos, porque soy la que menos sale a bailotear, con lo que me gusta a mí bailar, pero cenas, charlas, momentos en el escenario, ciudades increíbles, sí que ha habido. Es una función en la que todo el mundo se ríe. Nunca he escuchado silencio entre el público. No me ha pasado con ninguna función. Tiene algo que te atrapa. Es una obra sencilla, llena de matices y que va sobre el amor en todas sus formas. Y sobre la FE. No tiene por qué ser la fe en Dios.

La fe. Para todo, necesitamos creer.

En este caso, María, la protagonista, está en un campamento de verano con su amiga Susana y esa noche se van a volver a escapar para irse de fiesta, pero, de repente, se le aparece un señor y ella cree que es Dios porque lo siente dentro. Y le canta. Canciones de Whitney Houston.

Se empieza a poner rara, porque no entiende nada, lo de madurar es complicado. De repente se le abre un camino que ella no buscaba ni esperaba. Hay encontronazo con su amiga, y no se lo cuenta. Se lo confía a una nueva monja superiora que ha llegado al campamento y las ha castigado porque se escaparon para salir de fiesta. Las demás niñas del campamento se van a Palazuelos de excursión y se quedan las dos monjas y las dos niñas solas. Bueno, y Dios.

Luego está el personaje de Milagros, que es el caramelo. Una monja joven que quiere mucho a sus niñas y se da cuenta de que algo le está pasando a María, y ella también nota que está habiendo un cambio en ella; y Susana Romero se fija porque resulta que también le gusta la música, y tenía un grupito, como ella y María, y empieza a ver en ella a un ser de luz muy especial.

Todos los personajes son puro amor y ese verano en el campamento tienen un cambio significativo en sus vidas.

Da igual a la edad que sea. Nunca es tarde para encontrar el camino.

La llamada ha estado diez años en cartel y ha sido un auténtico regalo formar parte de ella.

Hemos estado en Valencia, Bilbao (llenando el Euskalduna. Unas dos mil personas. Flipante), Málaga, Almería, Murcia, Gijón (esas últimas funciones antes de saber que nos encerraban por la pandemia mundial)... Imposible recordar todos los lugares ahora mismo. Me vienen flashes, momentos, me entra la risa. Me dan ganas de enviarles un mensaje a todos y a todas. A Mar, a Roko, a Susana, a Nuria, a Nerea, a Andrea, a Erika...

Han sido años muy bonitos y me llevo a gente para toda la vida. Amigos y amigas de verdad.

Me despedí (ya se supone que para siempre) de *La llamada*, en julio de 2024, en Barcelona.

No lo asimilo del todo, la verdad.

Es como si nunca se fuera a acabar. No sé. Una sensación extraña...

Pero ya es hora de dejar ir, ¿no?

En estos años, como os contaba, he lidiado con momentos de ansiedad y seguía yendo a terapia; de hecho, me cambié de psicóloga. Llevo años con Elisenda. La siento como una guía. La medicación también me ha ayudado.

Vivía en esa casa con esa pedazo de terraza, que nos daba mucha vida (a veces sueño con esa casa. Ahora vivo en un piso de 65 m², con un balcón, pero no está mal), mis perros estaban bien, y a la vez seguía haciendo, creciendo, formándome y trabajando en lo que quería, siendo actriz. La música no estaba muy presente.

«¿Por qué no sacas música?», no paraba de escuchar.

«Qué desaprovechada estás».

Honestamente, estaba centrada en lo que más feliz me hacía y me sentía bastante realizada.

Estuve en *Amar es para siempre* durante una temporada, también grabé otra serie más cortita para RTVE Playz llamada *Bajo la red*, donde conocí a gente muy chula. En las dos series, vaya. *Amar...* era una serie diaria y eso es un máster. Además, era de época, año 1977. Nunca había hecho nada de época y me encantó.

Me gustó que vieran más allá de mis tatuajes y mi pelo naranja. Que vieran más allá y me dieran la oportunidad.

El director de la otra serie que he nombrado, Alberto Utrera, junto con su productora, MoA Studio, fueron un descubrimiento. Conectamos enseguida. Utre es una persona apasionada por esta profesión, que cuida a los actores, que escucha y que siempre está de buen humor. Fue un rodaje divertido y de mucha improvisación. Querían que fuera así.

En una de las improvisaciones antes de empezar las grabaciones, para ir probando cosas y seguir moldeando la historia y los personajes, me tocó improvisar junto a María de Nati.

No recuerdo muy bien lo que hice, pero a Utre le encantó.

Un personaje oscuro, que ocultaba cosas y quería ir a por su amiga. Algo así fue lo que hice, ya os digo que no recuerdo muy bien. Igual es que estaba ida de verdad… Ja, ja.

De esa improvisación salió *Yrreal*.

Con el tiempo, Utre me contó que estaba escribiendo una película a raíz de esa improvisación, que le inspiró y que quería que fuera una de las protagonistas. GUAU. Pasaba el tiempo y no se encontraba financiación. De película, pasó a ser serie, él iba creando junto a otra gran guionista muy joven, Paula, y cada cierto tiempo me contaba que seguían con eso y que, por sus huevos, se iba a hacer. Finalmente, se convirtió en una serie de seis capítulos.

Yrreal se puedo llevar a cabo gracias a la perseverancia de Utre, de MoA. Enviaban el guion a concursos, y ganó uno, gracias al cual se consiguió financiar el primer capítulo junto a RTVE Playz. Gustó tanto que grabamos la serie entera.

Ese papel que escribieron para mí, tan oscuro, tan tarantiniano, tan lo que yo siempre he querido hacer, se pudo hacer realidad tres años después. Es que no es fácil que te compren una idea.

Yrreal es una serie de suspense que mezcla acción real y animación 2D. Sigue la historia de Lucía (mi personaje) y Elena, dos chicas con una obsesión de venganza y ansia de justicia que las lleva a secuestrar a un sospechoso de asesinato. Sospechoso del asesinato de la hermana de Elena.

Lo de la animación… es que TENÉIS QUE VERLA, hacedme el favor.

Se quería hacer una segunda temporada. Intentamos que tuviera más repercusión, pero bueno, es complicado con toda la cartelera y las plataformas que hay. Pero os juro que merece mucho la pena verla, y no es porque salga yo.

Disfruté tanto creando ese personaje, jugando, sufriendo un poco, incluso, pero sufriendo de gusto.

Si la veis, contadme qué os ha parecido.

¡Cómo me gusta actuar y qué ganas de lo siguiente!

«Tantas veces me he perdido, y dentro de tus ojos me he vuelto a encontrar…»

Vencer los miedos
(o vivir con ellos)

Abrazando mis miedos (Ingrid y Lara)
en mi actuación del Benidorm Fest.

Apostar por hacer las cosas de otra manera: terapia, aprendizaje, vivir...

En mayo de 2023 recibí una llamada de uno de los asesores de TVE para el Benidorm Fest 2024. Tony, uno de los asesores del Benidorm Fest elegido por RTVE, me escribió y me comentó que sería una buena idea, estuvimos hablando del tema, y la verdad es que me convenció. Andaba en mi mente presentarme, quizá desde su primera edición. Me parecía un buen lugar para volver a la música, para volver a estar en el *spotlight*, en el candelero, ya que llevo años en la profesión, pero a veces me he sentido un poco olvidada. Y no por la gente, porque *Física o química* se puede ver ahora en las plataformas y los adolescentes que están viendo la serie en estos momentos me reconocen por la calle. Luego está la gente que se acuerda de mí porque voy mucho a *Pasapalabra* (bendito *Pasapalabra*) o se acuerdan de mis actuaciones en *Tu cara me suena*, cuando gané la primera edición, hace ya más de doce años. No debería y no debo quejarme. He podido mantenerme en esta industria haciendo de todo un poco en este tiempo.

¿Qué es entonces sentirse olvidada? ¿Quiero fama y reconocimiento? ¿Dinero? Pues supongo que hay una parte de mí que sí que lo quiere, porque es a lo que se ha acostumbrado durante muchos años, pero hay otra que no quiere eso, pues no voy a eventos ni a fiestas…

No me gusta salir mucho. No me encuentro cómoda en esos sitios. Siento que allí no pinto nada y me entra ansiedad por tener que estar con tanta gente. No siento que sea mi lugar.

«Es bueno que te vean» y «De fiesta se hacen los mejores contactos», son dos máximas que he oído mil veces, pero no siempre es así y a mí no me gusta ir con ese objetivo. Puedo entender a los que obran así y no los juzgo. Cada uno hace lo que debe, pero creo que no es mi estilo.

Dicho esto, sí que hay una parte de mí que echa de menos el reconocimiento. O, más concretamente, recibir una llamada inesperada para un trabajo, aunque sea para hacer la prueba, el casting. Al menos, acceder a que me vean. Sin embargo, a veces no te ven y otras te llaman directamente. Me pasó con los Javis en *La llamada*, el musical de *Godspell* y con *Kinky Boots*, y ya es bastante.

Ahora que ha pasado el tiempo, pienso en las veces que me he sentido frustrada porque no me cogieran en una audición. Han sido muchos noes, pero ¿por qué no era capaz de ver los síes?

En realidad, lo que más me frustra no son esos noes, sino que, directamente, en tres años solo me han visto dos directores de casting. Tengo el hándicap de pintarme el pelo de colores, ser cantante, haber salido en la tele… No lo sé, pero ¿por qué no me dejas hacer la prueba? Puedo cambiarme el color del pelo y hasta raparme.

Me pesa no tener ese acceso. Os creíais que sí, ¿eh?

Todo lo que he ido nombrando es mucho, pero yo me empeñaba en ver lo negativo en vez de lo que había conseguido desde que con trece años había debutado en la tele de Mallorca. Aunque eso no me pasaba todo el rato. He agradecido cada cosa que se me ha dado años después, pero siempre sentía que no estaba donde debía. Creía que no se me valoraba. No disfrutaba el momento.

Me he planteado tantas veces que no era buena actriz, que todo se debía a mi físico… Muchas compañeras deben de sentir lo mismo. Sé que es así.

¿Y si era yo la que no me valoraba?

Evidentemente.

Dejé la música. Me fui de Sony en el año 2014 porque creía que igual aquello era el problema. Sentía que había hecho muchos programas de televisión (*Tu cara me suena*, *Pequeños gigantes*, *Levántate All Stars*, otros como colaboradora…). ¿Quién soy?, me decía. ¿Cómo me defino? ¿Y cómo lo hacen los demás? ¿Soy un personaje?

Entonces pensaba: Vale, dejo la música y la tele, me sigo formando como actriz y hago que me vean como lo que quiero ser realmente: una actriz seria… A ver si así, me cogían en una serie importante o en una película.

¿Es eso el éxito? ¿Dejar de hacer cosas que te gustan y te llenan, que te dan de comer, para ver si así participas en una serie para una gran plataforma? No sé qué deciros…

Dejé la música, porque nunca encontraba lo que quería hacer realmente. No soy una compositora como tal. Cuando me rodeo de músicos, se abre ese canal de creatividad, surgen melodías en mi cabeza de guitarra, piano, voz, pero muchas las acabo desechando porque creo que no son lo suficientemente buenas. El mundo de la música me parecía algo dificilísimo, y lo de subirme al escenario y hacer conciertos propios me estaba disgustando y no lo disfrutaba.

Debo confesar que sigo lidiando con ello, pero ahora me estoy enfrentando a los miedos. Tengo unos poquitos conciertos próximamente en los que he decidido disfrutar y ser esa niña que flipaba viendo los vídeos musicales de la MTV y las actuaciones en directo de los artistas, y los imitaba en el salón de su casa. Así es como me lo voy a tomar. Hasta siento esa ilusión que pensé que estaba perdida.

Sin embargo, no me pasaba lo mismo cuando me subía al escenario a interpretar un personaje en un musical.

En el año 2013 me llamaron para hacer una audición para el musical *Hoy no me puedo levantar*. Me moría de ganas de entrar.

Acababa de sacar mi segundo álbum, *Drama Queen*, y mi mánager de entonces me dijo que teníamos que hacer promoción y conciertos, y que no debía meterme en un musical, ya que es muy exigente, el compromiso es alto y no te permite mucha vida más allá del teatro. De martes a domingo. No tienes tiempo de hacer nada.

Me resigné, aunque no era lo que quería.

Finalmente, acabé cancelando la gira por una mala experiencia que tuve en una ciudad de España donde me contrataron. De verdad que nos curramos mucho el concierto, pero a la gente le pareció aburrido, casi todos los temas eran en inglés y me sentí muy mal. Me abuchearon, dijeron que me había comportado como una estrella, que empecé tarde…

Mentira.

Mi mánager de entonces, al que hoy día le tengo mucho cariño, pero que obviamente no funcionaba conmigo, sí que intentó que hiciera las cosas de manera diferente, que me comportara como una artista. Una artista de las que se cambian de ropa en el concierto. Lo intentamos, pero yo no soy eso, y menos en ese momento, cuando tenía una crisis de identidad importante.

Después de aquella experiencia dije que, por favor, no quería hacer más conciertos. No me sentía con fuerzas. Pensaba que me iba a pasar lo mismo en todas las ciudades a las que fuera. El miedo otra vez.

Como ya os he avanzado, después de aquel concierto y de tomar aquella decisión, pedí la carta de libertad a Sony. Me la dieron y enseguida llamé a la productora de *Hoy no me puedo levantar*.

—Por favor, si tenéis algo o alguien se va, que sepáis que estoy aquí. Me muero de ganas de estar en este musical —les dije.

Justamente, el papel para el que iba a hacer la audición lo interpretaba la gran Ana Polvorosa, que quiso irse por temas que luego entendí (la productora, por ejemplo, ya no existe), así que se alinearon los astros y entré a formar parte de uno de los musicales de mis sueños.

Lo había visto con dieciséis años en el teatro Rialto de Madrid y me quedé loca. Yo quería hacer eso y, de repente, ahí estaba, en el escenario.

Pero como había llamado yo, no tenía representante, ni nadie que pudiera gestionar o negociar en mi nombre, ya que acababa de irme de Sony, de dejar a mi mánager y tampoco tenía representante, se aprovecharon y me pagaban poco. Poco, en plan de vergüenza. Sobre todo en comparación con mis compañeros y compañeras y por la cantidad de trabajo que era. Aunque no pagaban mucho (y la verdad es que trabajábamos demasiadas horas), tenía tantas ganas de hacer el musical que acepté. Trabajaba por amor al arte. Tengo que decir que, a pesar de eso y de la matada que supuso, fui muy feliz en ese musical. Lo hacíamos en el teatro Coliseum de Madrid, éramos un montón, me llevaba bien con todo el mundo, mi personaje era divertido y el musical me encantaba. Estaba muy contenta y sentía que había cumplido uno de mis sueños. Fueron nueve meses intensos hasta que, finalmente, se acabó la aventura. No íbamos mal de público, pero la empresa hacía cosas raras y quebró. El jefe se fugó a México y ha dejado a deber dinero a mucha gente.

Me estoy dando cuenta de lo poco que me he valorado todos estos años y veo esto proyectado en las cosas que me han pasado.

Pero ¿por qué me ando por las ramas si iba a hablar del Benidorm Fest?

Bueno, porque soy así, desordenada, y como digo en una de mis canciones, un puro desastre, pero como estoy aprendiendo a hablarme mejor, voy a llamarme «*Beautiful Disaster*».

En el musical *Kinky Boots*, por el que gané un premio a mejor actriz de reparto.

Toda esta historia que os contaba es porque llevaba diez años alejada de la música y quería hablar de lo que sentía. Hubo varios detonantes. Me había alejado de la Angy cantante o artista y, para mí, hacer el Benidorm Fest suponía superar mis miedos y volver de algún modo a la música. De manera que se puso en mi camino y dudé, una y mil veces, y sentía ansiedad. Salir de la zona de confort puede hacer que reacciones de esta forma, pero yo tenía que enfrentarme a mis miedos: al escenario, al qué dirán, a no sentirme suficiente, a las críticas, a que no me vieran como una actriz. Soy actriz. Quiero dejar de ponerme límites, porque se puede ser actriz a la vez que cantante. Romper los prejuicios. Se puede ser lo que a una le dé la gana, pero tienes que creer. Si yo no me valoro, nadie lo hará, o solo unas pocas personas. Porque todo lo que se crea en mi mente lo creo en el exterior y, si yo no me veía capaz, me minusvaloraba, me daba miedo y no encontraba mi identidad: así, era normal que me sintiera como me sentía.

Con el tiempo me he dado cuenta de que yo he sido mi propia enemiga.

El Benidorm Fest ha supuesto un punto importante en mi vida. Dar el paso a presentarme me ha ayudado a derribar algunos muros que tenía en mi mente.

He pasado por la ansiedad, la duda, la incertidumbre y la desesperación para finalmente llegar a la satisfacción de haber hecho el trabajo lo mejor que he sabido y podido, junto a un equipo de personas maravillosas que he elegido yo y que me han facilitado el camino.

Por eso acepté el reto. ¡Iba a ir al Benidorm Fest!

Pero no todo fue fácil. Enero no empezó bien y tenía que ser así para despertar.

Pasamos noviembre y diciembre con todos los preparativos de la puesta en escena, los últimos retoques de la producción de la canción, las ruedas de prensa, los ensayos con las bailarinas y la búsqueda del vestuario y, mientras, seguía haciendo mis funciones de teatro. La cabeza no paraba, pero ya os digo que tenía un equipo que me ayudó con todo. Escenografía, coreografía, vestuario, maquillaje, peluquería... Yo los elegí a todos. Más que crear un equipo, quería crear una familia.

Es muy importante la gente que nos rodea, con la que trabajamos. Esa gente creía en mí y tenía ilusión y me la daba cuando yo estaba con mis momentos de duda o de bajón.

Un año extraño fue 2023. También muy bonito, porque casi a finales de 2022 conocí a mi compañero. Apareció en mi vida un chico maravilloso, sensible, talentoso: Pepe.

Nos conocimos haciendo *Godspell*, un musical que se representó en el teatro del Soho, dirigido por Emilio Aragón y producido por Antonio Banderas, quien hoy en día se ha convertido en amigo y estamos deseando trabajar juntos. Es un hombre humilde que está luchando por el teatro musical de nuestro país, por darle el valor y el lugar que se merece. Cantar, bailar y actuar encima de un escenario, todo a la vez, no siento que sea algo que en nuestro país se valore como debería.

Bueno, conocí a Pepe haciendo un musical, después de un año 2022 que empezó con una ruptura de una relación de 7 años, donde hubo más estabilidad en mi vida. Hay personas que llegan a tu vida para no remover mucho y que puedas tener un poquito de equilibrio, pero me quedaba por aprender y nuestros caminos tenían que separarse. Necesitaba remover más. Duele una ruptura aunque ya hacía tiempo que era necesaria, porque después de tantos años, esa persona se convierte en amigo, en familia. Duele el desapego.

Después, al poco tiempo, perdí a Elvis, uno de mis dos perritos. Elvis tenía un tumor en la cabeza y hacía un año y algo que nos habían dicho que podrían quedarle entre tres y seis meses. Al final mi gordito aguantó más y con calidad de vida. Seguía queriendo jugar, comer… VIVIR. Él tenía ganas de vivir, pero ya una noche empezó a empeorar y a tener ataques epilépticos cada vez más frecuentes, hasta que tuve que llevarlo a que lo durmieran para siempre.

Elvis, hace ya unos años.
Le echo mucho de menos.

No me quito esa imagen de la cabeza. Fue uno de los momentos más dolorosos que he pasado en mi vida. Nunca había visto morir a nadie, y se iba uno de mis angelitos.

Mi ex me acompañó al veterinario, ya que había pasado siete años de su vida con él, y quería despedirse. Los dos llorábamos y abrazábamos a Elvis y le dábamos las gracias por tanto amor, diversión y compañía.

Además, no hacía mucho que me había mudado a otra casa, después de haber vivido nueve años en la anterior, o sea, que era todo muy raro, la verdad. Los cambios. La vida.

Quedábamos Noel y yo. Noel es mi otro perrito que ya tiene catorce años y es mi angelito y el amor de mi vida. Le miro y no me hago aún a la idea de que más pronto que tarde le tocará a él. Ley de vida, pero vaya puta mierda.

Quedábamos Noel y yo, y se unió mi madre, porque yo estaba muy mal, y mi madre se vino a vivir conmigo. No aprendí a estar sola. No quería aprender.

Desde que Elvis se fue, he pensado una y mil veces en adoptar a otro o a otra compañera adulta o abuela para que nos haga compañía, especialmente a Noel, pero, por una cosa o por otra, no lo he hecho. Por trabajo, viajes… Es más fácil con un perro que con dos, pero se es más feliz con dos. Y ellos se hacen mutuamente compañía. No dudaría en volver a tener dos, tres o los que pudiera, pero con cabeza. Me refiero con ello a disponer de más espacio, a poder organizarme bien para que no se quedaran prácticamente solos (aunque ahora lo hago así, claro).

No puedo entender a la gente que tiene un perro y le deja solo doce horas... Por favor, existen cuidadores, paseadores... Es un ser vivo con sentimientos que está deseando amor y compañía. Hay que organizarse y, sí, gastar un poco más de dinero, pero para nada es algo excesivo.

Bueno, no me voy a poner a hablar de los maltratadores porque me enveneno... Pero espero que cada vez se penalice más a todos los que les hacen daño a los animales, porque no se les castiga con penas suficientes. Esto parece estar cambiando, pero aún sigue pasando mucho, y quienes lo hacen salen impunes. Que no nos vendan la moto con leyes de bienestar animal. Que se cumpla la ley y las condenas sean más duras. Si maltratan así a un perro indefenso, ¿qué pueden hacerle a una persona? Eso es maldad. Son malas personas y ojalá el karma les devuelva lo que hacen.

De nuevo, gracias a todas y a todos los voluntarios que los rescatan, ayudan, curan y denuncian. Seguiremos dándoos voz y denunciando.

Siempre he adorado a los animales, a los perros especialmente. Me siento triste cuando pienso en el mo-

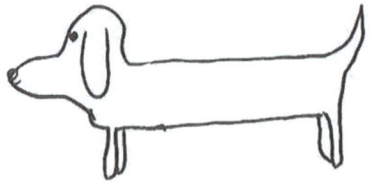

mento en que Noel deje de estar en mi vida. Es algo a lo que llevo dando vueltas en la cabeza desde hace tiempo. Joder. La muerte forma parte de la vida. Qué difícil es dejar ir.

Aquí con mi Noel. Muchos años de amor y compañía.
No sé cómo devolverle el amor que me ha dado todos estos años.
Te quiero y te querré toda la vida. Ojalá fueran eternos…

No voy a negar que a veces tengo miedo de volver a caer en una depresión y más cuando llegue ese momento. Muchos días sigo sintiéndome triste sin motivo, y es algo que tengo que aceptar. Soy altamente sensible y me afecta demasiado todo lo que pasa a mi alrededor, pero cuando no hay un motivo tangente, real, para ello me da rabia, me frustro e intento parar y respirar. Paro y respiro.

El arte de sentirlo todo.

Miro a Noel con su juguete. Aún tiene ganas de jugar y de vivir, pero se pone muy triste cuando yo no estoy cerca, y eso hace que mis relaciones sociales sean escasas. Intento hacer planes con él, llevarlo conmigo...

Vuelvo al año 2022.

Estaba en parte muy contenta por estar en el musical de *Kinky Boots*, que empezó en el año 2021 (entonces ya fue cuando dejé en teoría *La llamada* definitivamente), pero acabó antes de tiempo y eso fue un bajón bastante intenso para todos. Era un musical muy chulo. Me dieron hasta un premio por mi papel de Lauren. Me sentí muy valorada y estaba rodeada de gente muy talentosa. Éramos un grupo humano muy bonito. También volvimos a vivir un brote de COVID... Uf, un poco de todo. Acabando *Kinky Boots* me llamaron para audicionar para *Godspell*. En esa primera audición estaba Emilio Aragón, un ser de luz. Amable y cariñoso. Víctor Ullate era el director residente y fue él quien pensó en mí para este viaje. En la segunda prueba estaba Antonio Banderas, y estábamos todos muy nerviosos. Es una estrella, joder. Pero él tiene esa cercanía, esa gracia malagueña, y de repente se olvida de que es una estrella y se pone a tu altura y te hace sentir bien y tranquila. Los más grandes son los más humildes.

Cuando recibí la llamada para *Godspell* me hizo muchísima ilusión. Tenía tantas ganas de hacer un musical y, además, iba a coincidir con dos personas con las que había trabajado en *Kinky Boots* y con mi amiga Roko, aparte de los dos grandes nombres con los que íbamos a colaborar.

Empezamos los ensayos el día de mi cumpleaños. La energía en la sala era muy bonita. Se notaba la ilusión y yo sentía que estaba renaciendo. Yo quería trabajar y olvidarme de chicos. Solo quería centrarme en hacer bien mi trabajo, así que me gustó que los primeros días y semanas estuviera solo centrada en eso, pero de repente, saltaron chispas de las buenas. Parecía que le conociera de toda la vida, o mejor dicho, de otras vidas. Conectamos fuerte. Después de los ensayos en Madrid nos íbamos ya para Málaga, porque justamente se representaba allí. El teatro del Soho, el teatro de Antonio, es de allí. Su Broadway.

Pasábamos todo el tiempo juntos, tanto en el trabajo como fuera de él, al no estar en nuestra ciudad habitual. Fue muy bonito, pero también intenso, y el apego que forma parte de mí entró con fuerza en la relación.

Sin embargo, como nos íbamos ya a Málaga, empezar a vernos todos los días hizo que él ni siquiera tuviera tiempo de pasar un mínimo duelo ya que él acababa de terminar una relación.

De repente, ya no estás con esa persona y, de repente, te encuentras involucrada emocionalmente con otra, sin darte el espacio entre ambas. La vida no nos dio el espacio y no supimos ponerle límites.

La verdad es que yo demandaba mucha atención y él me la daba. Teníamos muy buena comunicación, y él me contaba sus sentimientos respecto a la ruptura. Se sentía culpable.

Aquello venía de antes de que nuestras miradas se encontraran, y yo fui el detonante para que su relación se terminara.

Siento mucho por ella que las cosas pasaran así, porque nunca quisimos hacer daño a nadie. Él se sentía muy mal. No quería decepcionar a nadie ni tampoco que ella sufriera.

A mí me entraron muchos miedos y muchas dudas; pensaba que en algún momento él se arrepentiría y volvería con ella. Pero él me dejaba claro que no, que esa relación había acabado y que se estaba enamorando de mí.

El musical *Godspell*, que hicimos en el teatro del Soho de Málaga, fue precioso, pero resultó un proceso intenso para todos y todas las que formábamos parte de él, y si a eso le añades lo que estábamos viviendo nosotros, imagínate…

Él era el protagonista, no paraba de hablar y cantar en toda la obra. Su papel era el de Jesús. Era nuestro guía, nuestro mesías, dentro y también fuera del escenario, porque ante tanto desorden él intentaba poner cordura y que todos estuviéramos bien y en paz. Siempre con una sonrisa, positivo y, antes de salir, hacía que todos nos pusiéramos en círculo para respirar y agradecer que estábamos ahí.

Pepe es un ser maravilloso y me hace muy feliz estar creciendo a su lado.

Como me pasó con *Kinky Boots*, *Godspell* acabó antes de tiempo: íbamos a tener todo un año de trabajo y, de repente, nos dijeron que por ahora se acababa. Menudo bajón, pero tenemos el disco grabado y suena que te cagas. Un regalo de Antonio. Ahí queda para la posteridad.

Pepe había vuelto de Estados Unidos, donde había estudiado y trabajado en musicales como *Jesucristo Superstar*, como Jesús y Judas, y después solo como Jesús, ¡hasta lo interpretó en el Regent's Park de Londres!

Tras la pandemia, esto era algo en lo que no paraba de pensar: quería trabajar en España y estar cerca de su familia, pero sin olvidarse de Estados Unidos, ya que allí tiene buenos agentes y hay muchas oportunidades, sobre todo en el teatro musical.

Pero, bueno, el 9 de enero de 2023 acabamos de repente esa etapa en Málaga y nos adentramos en Madrid, con miedo e incertidumbre, y sin trabajo a la vista. Yo estaba aterrada, y él también, pero lo exterioriza mucho menos que yo. Nos apoyamos mucho el uno en el otro. Él no paraba de hacer pruebas y yo casi ninguna. Me salía alguna colaboración de Instagram y saqué mi nuevo single *Dualidad*, después de diez años sin sacar nada. Me lo pagué todo yo y la verdad es que me quedé pelada.

A él le salieron un par de trabajos, los dos en Estados Unidos.

Mi apego era cada día más fuerte, y el amor también, pero el primer sentimiento ganaba. No quería perderle ni que se fuera, pero también deseaba que le fuera bien.

Fue un año difícil para él, y yo, con mis dudas y miedos, tampoco se lo puse muy fácil.

Seguía yendo a terapia, buscando la manera de reducir el apego, de que mi relación fuera sana. Continuamente tenía miedo a perderlo y prácticamente todos los días le preguntaba si estaba todo bien.

Él me demostraba su amor, pero una venía ya trastocada y cualquier cosa hacía que saltaran mis alarmas. Cualquier cosa que, normalmente, creaba mi cabeza.

No estábamos en nuestro mejor momento profesional y, como he mencionado antes, nuestros temores y traumas salen a la luz sobre todo cuando estamos en una relación.

Después de un año muy intenso, lleno de amor pero también de ese MIEDO, pasó lo que me temía: la ley de la atracción del mal.

El 1 de enero, después de una discusión en Nochevieja, me dijo que lo dejábamos. Qué dolor tan insoportable y cómo me cuesta gestionar algunas cosas. Me sentía tan culpable por haberle ahogado…

Él es un chico sensato, así que estuvimos hablando y entendí por qué necesitaba alejarse. Me dijo que necesitaba tiempo para encontrarse a sí mismo y que se sentía muy agobiado, pero que no se había desenamorado de mí. No era por terceras personas, aunque mi mente no paraba de pensar en ello.

Le hacía falta un respiro y decía que a mí también, que mi felicidad no podía apoyarse solo en él. Tenía toda la razón: había puesto en sus manos mi felicidad.

Yo le insistía y le rogaba, y eso solo hacía que él se alejara más. Le llamaba, él me cogía el teléfono e intentaba calmarme, pero llegó un momento en que dijo que tenía que bloquearme un tiempo para que ambos pudiéramos seguir adelante. Hay que respetar las decisiones de los demás, y yo no lo hice.

El 23 de enero viajábamos a Benidorm, y todo ese mes tenía ensayos, grabaciones y teatro. Lloraba, no comía y solo salía para sacar a Noel, mi perrito de catorce años. Una de mis mejores amigas, Elena, estaba conmigo casi todos los días.

Hacía las funciones, aunque no sé ni cómo. Sentía un dolor tan grande que solo quería llorar y gritar y llamarle.

Pero tenía que irme a Benidorm. ¿Cómo lo iba a hacer?

Mi madre llegó unos días antes porque iba a quedarse con Noel y, bueno, no puedo evitar sentirme fatal porque ella me ha visto tantas veces sufrir.

Me estaba comportando como una niña pequeña y no como la mujer que soy. Cuando mamá está cerca, me vuelvo más niña. La misma niña que papá abandonó al morirse y que demanda atención y cuidado.

El mismo día que salía el tren a Benidorm, yo tenía la maleta a medio hacer. Estaba como una zombi. Hacía tres días que Pepe me había bloqueado y yo sentía ansiedad, me temblaba todo y tenía ganas de vomitar; además, Noel estaba muy nervioso porque sabía que me iba. Me perseguía por toda la casa y yo lloraba, mientras mi madre decía que debería tener ilusión y no estar así. Intentaba cambiar el *mindset* pero me cuesta mucho. De repente no quería irme, pero sabía que era lo que tenía que hacer y que me iba a sentar bien.

Seguía acudiendo a terapia, por supuesto, y hasta fui al tarot. Se me estaba yendo un poco la cabeza, mientras todo el rato buscaba ayuda de los demás, cuando yo era la única que de verdad podía salir del bucle. Los otros entendían que tenía que pasar esa ruptura. Y una parte de mí también lo entendía, porque tenía que aprender a estar sola y él también lo necesitaba.

¿Por qué no tenía ilusión? Me culpabilizaba por lo que estaba pasando. Solo quería tirarme en la cama y echarme llorar, pero no era el momento para eso.

En el tren hacia Benidorm íbamos prácticamente todos los participantes y los bailarines. Muchísima gente. Yo iba hablando con una de mis bailarinas, que conocía desde hacía poco, le contaba cómo me sentía y ella me escuchaba y me decía que no me iba a dejar sola, que lo íbamos a pasar genial y todo iba a salir bien. Parte del equipo iba a llegar al día siguiente y el resto lo haría unos días después. Me iban a apoyar todo el rato.

Pepe tenía que verme fuerte, ver a la misma Angy de la que se había enamorado: divertida, risueña, talentosa (palabras suyas). Esa Angy que se escondía y dejaba salir prácticamente todo el rato a Ángela, la niña que tenía miedo.

En realidad, la que me tenía que ver fuerte era yo, no tenía que hacerlo por nadie, pero no podía evitar pensar en él. Me siento agotada de tenerme en tan poca estima, de ser tan insegura y de resaltar más mis fallos que mis virtudes.

Benidorm hizo que me reconciliara conmigo.

No fue fácil y tuve momentos de tristeza, pero estaba entretenida y empecé a sentirme mejor.

Pepe me escribió y empezamos a hablar… Todo aquello me descuadró mucho, pero también me puse contenta. En cuanto empecé a soltarle, apareció de nuevo, más pronto de lo que me imaginaba.

Pero tenía miedo: a volver a sufrir y a que no hubiéramos sanado, porque esto no sucede de un día para otro.

Tuvimos varias conversaciones telefónicas y le conté que esa Angy que en el escenario es capaz de olvidar y tirar para adelante es una parte de mí, pero que la otra sigue estando, la negativa, la que entra en esa oscuridad y en ese bucle: la niña pequeña que quiere que la cuiden. Me quedaba mucho trabajo por hacer.

—¿Estás dispuesto a pasar por eso? —le dije—. Por favor, piénsatelo bien.

Resulta que los dos hemos sentido cosas parecidas a lo largo de nuestra vida: el tema del miedo, el apego, la inseguridad…, así que nos entendemos muy bien y estamos ahí para escucharnos y para sanar juntos.

Pepe decidió empezar a hacer terapia cuando yo estaba en Benidorm e intentó descargarme de parte de la culpa de lo que había pasado. Él tampoco había pasado un buen año. Una relación es cosa de dos y no es justo que yo me culpara de todo, pero así lo sentía. Él necesitaba un respiro, pero me quería y deseaba estar conmigo. Hasta me propuso algo que yo ya había pensado: hacer alguna sesión de terapia de pareja y, honestamente, eso nos ha venido increíble.

It's times like these you learn to live again
It's times like these you learn to love again

(Foo Fighters)

Se habían girado un poco las tornas. Ahora él sentía eso que yo había sentido durante mucho tiempo. Él se puso en mi lugar y yo en el suyo. Es fuerte como cuando pasan estas cosas te entiendes más y creces...

Le dolía la decisión que había tomado, pero hizo que se diera cuenta de muchas cosas. Por ejemplo, las que él tenía que sanar y, además, de que quería estar conmigo.

Me dolía que él sufriera y que yo hubiera sufrido tanto, y pensaba en el año 2023 y en lo que sentía y todo lo que hacía que no estuviéramos bien: mi negatividad, mi miedo, mi apego, el deseo de tener el control de todo, la inseguridad. No había motivo alguno para ello. Todo venía de más atrás: no había sanado bien. No quería volver a ser así ni tampoco retomar este tipo de relación; y él tampoco, obvio.

Era y soy consciente de lo que tengo que cambiar para estar bien conmigo y para tener una relación sana con mi pareja. Así que esa relación estaba acabada, y si empezábamos, iba a ser de cero. Y así ha sido. ¿Que quizá hay que darse más tiempo? ¿Que volvimos demasiado pronto? ¿Que hay que aprender a estar solos antes de estar en pareja? Son cosas que se dicen, y es posible que lo correcto sea eso, pero cada pareja es un mundo y no debemos opinar. Solo las parejas saben lo que sienten, lo que hablan, lo que han pasado. Tenemos tendencia a generalizar, y a mí los psicólogos que generalizan no te creas que son los que me gustan más. Lo siento.

No quería pensar mucho en ello mientras estaba en Benidorm, porque, como siempre, mi foco se iba adonde en ese momento no se tenía que ir. Pero le echaba de menos y, a pesar del miedo y los nervios, estaba bien que nos viéramos y habláramos en persona. Pero todo eso, a la vuelta. Tocaba centrarse.

El miedo aparecía, claro, pero también la ilusión de pensar que volvería a abrazarle. Mis amigos/equipo decían que sentían un cambio en mí y que iba a estar fuerte, porque ellos así me veían: estaba tomándome en serio el trabajo, disfrutar de todo y se hacían palpables los esfuerzos y los límites que deseaba poner en mi vida. No quería olvidarme más de mí. Se sorprendían de cómo estaba llevándolo todo, porque, honestamente, era otra persona la que estaba en Madrid antes de subir a ese tren con destino a Alicante.

La verdad es que todo aquello también me sorprendió.

Benidorm supuso un clic para mí, como la ruptura. Para los dos. E imagino que en algún momento toda la terapia que llevaba detrás ayudó, claro.

Todo pasa por algo. Es una frase que a veces he odiado, porque creo que tú eres dueña de tu destino, o al menos eso pensaba antes, pero en las relaciones de pareja, es una cuestión de dos y a veces no se está en sintonía. Si tú remas, trabajas en ti y lo das todo, pero el otro no, la cosa no funciona. No es lo que me está pasando ahora, pero he vivido algo así. ¿Y quién no?

Y sí. Frases como «Todo pasa por algo» y «Confía en la vida y en el proceso» resuenan hoy en mí más que nunca.

«En el caos están las oportunidades».

Robo esta frase de la obra de teatro en la que participo en Madrid, *Una terapia integral*, y que Antonio Molero, más bien su personaje, Toni Roca, dice cada noche. Esa frase siempre resuena en mí. Esa y muchas otras de la obra, como: «La vida, como el pan, no se puede controlar».

Mi afán de querer tenerlo todo bajo control, incluidas mis relaciones, me ha hecho daño mucho tiempo.

Trastorno obsesivo, lo llaman. O TDAH. Aún estamos descubriendo qué es exactamente, pero tiene pinta de que soy una obsesiva. Hay muchos tipos de TOC. No voy a ponerme a contaros más sobre esto, pero vamos, que no pasa nada. Mi psiquiatra es un obsesivo reconvertido y es feliz. Dice que puedo usarlo a mi favor. Y que los obsesivos somos inteligentes y buenas personas. ¡Toma ya! Como diría Ángel Martín, punto para los locos.

Benidorm puedo definirlo como algo caótico, pero no en el mal sentido de la palabra. Yo soy un caos. Mi cabeza también. Como digo en mi canción, un puro desastre, pero en ese caos me encontré, me di cuenta de ello, desperté y doy gracias por ese dolor que me ha hecho crecer. Doy gracias a Pepe y a mi familia del Benidorm Fest por haber estado ahí para darme fuerza.

«Sé quién soy» fue la canción con la que me presenté en la edición de 2024. Una canción sobre la superación personal. Mi propia historia y la de tantas personas. Me abrí en canal y quise cantar mi historia. Un tema empoderador sobre salir de los infiernos, la superación y la transformación. Me imaginaba un ave fénix, siendo yo esa misma ave fénix y quise vestirme de blanco, cuando yo soy más bien de ir de negro. El color blanco representa el renacimiento. Era el momento de renacer.

La puesta en escena que creamos junto a David Mínguez y Álex Jaén, y a mi coreógrafo Álex Manga y su asistente Elena, y el vestuario de Ana Locking hicieron que el pack fuera perfecto para mí. Lulú Pérez, una de las mejores maquilladoras, y mi peluquero/consejero Dannizu, que me ayudaron a atreverme y a verme bella. Estaban todos muy involucrados e ilusionados. Víctor, mi mejor amigo, grabándolo todo, haciendo fotos; mi amiga Elena ayudándome en general con la vida… Ja, ja, ja. Y mi mánager, Tomy, que me conoce bien y me ha cuidado mucho siempre. Sony Music también me ayudó. Les agradezco mucho la confianza.

Estábamos todos en sintonía, era todo fácil: justo lo que quería.

Cada momento estaba pensado para representar lo que sentía, junto a mis dos bailarinas, Ingrid y Lara, que simbolizaban mis miedos o la ansiedad y la depresión. Ellas dos, vestidas totalmente de negro, iban persiguiéndome en el escenario, siendo mi sombra, sin dejarme avanzar, hasta que finalmente, después de un grito liberador, me abrazan y las abrazo en respuesta; nos miramos, me reconcilio con todo eso y saco esa fuerza que tengo dentro para cantar ese último estribillo y bailar, con muchas ganas, mientras repito «Sé quién soy».

Los comentarios que leí en las redes sociales fueron preciosos. Me preocupaba presentarme por el qué dirán. Y por eso en mi letra también digo que qué más da lo que diga la gente, porque ya no quiero que me afecte lo que piensen de mí. Ya he vivido momentos turbios y he recibido malos comentarios durante mi carrera, y me preocupaba enfrentarme a eso otra vez, pero no ha resultado así. Han sido todo cosas positivas (algún comentario malo habrá, pero os juro que solo he leído dos o tres, aunque tampoco es que me haya puesto a buscar…).

En anteriores ediciones del Benidorm Fest hubo mucho hate por las redes sociales. Por ejemplo, sobre su primera ganadora hoy día sigo leyendo cada cosa…

Qué presión se nos pone encima y cómo se habla sin saber. Está claro que se puede opinar, pero debería ser siempre desde el respeto, y eso en Twitter, ahora llamado X, no es muy común.

Pensemos en el otro. No es tan difícil hacerlo y ponernos en su lugar. Empatía: pensar antes de escribir o hablar y en cómo puede afectar a la otra persona tu comentario.

Es otro tipo de *bullying*. Por favor, reflexionemos y pensemos en el daño que podemos causar. ¿Qué necesidad hay de hacer daño a alguien que no conoces? Nunca lo entenderé… Además, la mayoría de esos cobardes se esconden tras una foto de perfil falsa.

Cobardes.

No se puede gustar a todo el mundo y si estás en el

foco mediático, te expones a que puedan opinar de ti libremente, desde una persona anónima hasta una periodista reconocida. Esto funciona así, pero puede haber una buena manera de hacer las cosas, desde el respeto y la empatía.

Yo ya viví algo así hace años, por eso sentía terror por volver a recibir comentarios feos y a que me dañaran. No sabía si estaba lo suficientemente fuerte para soportarlo, pero en este BF2024 he tenido suerte, supongo, y no me ha caído la del pulpo. Más bien lo contrario y os lo agradezco de corazón.

El mensaje llegó, la puesta en escena se entendió y yo sentí que había renacido y que había conectado con la gente. A nivel vocal no estoy tan contenta, porque estaba muy nerviosa. He cantado muchas veces en televisión, pero esto era diferente. Era mi vuelta a la música después de mucho tiempo, sentía presión y, como he contado anteriormente, la música toca algo en mí que me hace temblar; además, estaba contando mi historia, y bueno, estaba pasando por un momento difícil. Me estaba cantando a mí misma. Quería demostrarme lo fuerte que soy. Sentía ese renacer, que la niña se hacía mujer.

La niña sigue por aquí pululando y continúa teniendo miedo, pero intento calmarla y decirle que está todo bien. Lo estamos haciendo bien.

Fueron trece días intensos de risas, bailes, trabajo, sol y charlas terapéuticas que volvería a repetir sin duda. Me alegro de haberme atrevido y haber tomado la decisión de participar.

No sé qué va a pasar este año ni el próximo. ¿Sacaré un tema nuevo? Honestamente, no lo sé. ¿He dejado pasar el tren? Posiblemente.

Hay algún que otro concierto, pocos, la verdad, pero no pasa nada. No tengo el foco ahí.

La mejor noticia de todas es que la función de teatro que llegó de repente a mi vida en agosto de 2023, otra de esas llamas inesperadas que llegan como de rebote, va a seguir una temporada más.

Estoy acostumbrada a que me vendan la moto de bastantes cosas, y hay algunas en el aire, pero yo no me hago muchas ilusiones, y menos mal. Agradezco que la gente haya pensado en mí y aunque ahora, justo después del subidón de ese momento en el BF, las cosas se han relajado un poco, no sé, quiero pensar que va a llegar. No sé el qué. No me imagino algo enorme. El éxito es muy relativo, y la paz mental que estoy encontrando la elegiría una y mil veces antes que ese éxito que en mi profesión parece que tiene que ser de una determinada manera.

Éxito es estar terminando mi libro y seguir haciendo teatro. ¿Qué más quiero?

No me quiero quejar, de verdad, solo estoy contando mi percepción y dándome cuenta de que tengo que vivir el momento, aprender a tener paciencia y ser más agradecida y ponerme en valor, y luchar por mis derechos y los de mis compañeros, porque muchas cosas no se hacen como deberían hacerse siempre y aceptamos por miedo a no tener trabajo y no debería ser así.

Es una carrera difícil, y muchos y muchas compañeros y compañeras están haciendo lo posible por seguir adelante, reinventándose cada día, y por eso les admiro. Admiro su fuerza y su perseverancia.

Dejo atrás el victimismo, porque espero y deseo que no suene así, y quiero seguir y seguir y seguir… Y parar cuando se necesite, porque estamos en la era de la productividad, de subir todo el rato contenido en las redes, de no parar, pero hay que hacerlo también cuando se necesita. ¿Estoy desaprovechando mi momento? ¿Es por pereza?

Me fascina la cantidad de tiempo que pierdo en las redes sociales, y lo hago menos que antes, pero es que la mayoría de las cosas que veo no me aportan nada. Bueno, los vídeos de animales sí me aportan.

Sé quién soy

Se abre el telón.
No sé si ser real es suficiente.
Soy como un desastre, un puro desastre.

Soy alguien que dudó cuando le dijeron no.
Me miro en el espejo buscando mi reflejo.
Quiero saber quién soy, nadie sabe adónde voy.
Venceré a los miedos con el corazón.
Venceré en el juego de ser única en el universo.
Ya no necesito de tu aprobación.
Ahora sé quién soy, ahora sé quién soy.
El corazón me va a dos mil.
Aún quedarán recuerdos en mi mente.
Ahora soy más fuerte, una superviviente
que busca libertad, qué más da lo que dirán.

El amor

"Dale sentido a tus días"

Si te sientes derrotada.
por culpa de un desengaño,
piensa que el amor va y viene,
y a todos ha hecho ~~tanto~~ daño;
Si ves que en tu corazón,
el odio quiere destruir,
no lo hagas y busca siempre,
donde tu amor transmitir,
Sus ondas son poderosas,
igual que se van, vuelven,
así un corazón que ha llorado,
no se abandona a su suerte;
Si ves que todo es rutina,
y a veces confusión,
Dale sentido a tus días,
abriendo tu gran corazón;
No temas a las batallas,
que se hacen con el corazón,
teme al odio que en el aire,
se oye destruir a Dios.

Rafa 29-2-92

Creo que los pensamientos negativos respecto a uno mismo son uno de los grandes problemas que se dan en las relaciones de pareja. A partir de ahí nos entregamos irracionalmente, ponemos por encima a nuestra pareja y hacemos reposar absolutamente toda nuestra felicidad en ella. Si la pareja se rompe, quiero morirme porque él era toda mi felicidad. No sé cómo sostenerme sin esa persona.

Existe una idealización extrema por nuestra pareja, por la relación que se nos ha inculcado que debemos tener. Toda esa inseguridad en una misma hace que no se pongan límites en la relación y todo se base en el miedo y en la inseguridad. Entonces, como sientes ese miedo irracional a que la otra persona se aleje de ti, a que te deje, quieres controlarlo y tenerlo cerca prácticamente en todo momento. O, si no, deseas cerciorarte de que estáis bien y de que te sigue queriendo, aunque acabe de decírtelo hace solo cuatro horas.

He leído tres libros de Walter Riso sobre el amor y las relaciones de pareja, que es el tema en que él se especializa. No estoy de acuerdo con absolutamente todo lo que predica, pero sí con la mayoría de las cosas, y me he visto reflejada en muchas de ellas.

Hay mitos sobre el amor que él se ha encargado de analizar y ha hablado de sus consecuencias negativas. Me gustaría compartir cuáles son, porque hoy, en el momento que escribo esto, estoy trabajando en mi relación y ambos nos estamos dando cuenta de que no es suficiente con amarse y sentir deseo por la otra persona.

Quiero compartir estas cosas porque me he dado cuenta de ellas con mi pareja actual y está haciendo que todo vaya mejor.

«Si hay amor, no necesitas nada más». Walter Riso dice que esta creencia asume que basta con el amor romántico para que una relación funcione adecuadamente. ¿Por qué nos peleamos si nos amamos? Parece que el amor sentimental generara una especie de inmunidad contra las controversias e hiciera aparecer los conflictos de la vida.

Reducir el amor al mero enamoramiento es un error. El amor también se piensa y por eso tienes la opción de construir y de reinventar la convivencia con tu pareja.

Para resolver los problemas de cualquier relación, necesitamos, además del afecto, otras habilidades cognitivas y de comportamiento, paciencia, gestión, comunicación, el ajuste individual, el establecimiento de alianzas y acuerdos amorosos...

Estar enamorado es increíble, pero no basta por sí solo para armonizar totalmente dos egos y para lograr la conjunción de valores, intereses y deseos que requiere vivir en pareja.

El amor pensado es amistad.

Si privilegiamos siempre el sentimiento sobre la razón, estaremos predispuestos a pasar fácilmente de la ilusión a la desilusión.

«El amor es eterno».

Cuando no sé qué ver, me pongo mi serie favorita, *Friends*; me sé muchos diálogos de memoria. Es cierto que, a medida que voy haciéndome mayor y, por ende, maduro, algo que no siempre va de la mano, me doy cuenta de la toxicidad y de la idealización que hay en esta serie. Me sigue encantando, pero hay cosas en las que antes no reparaba y que ahora es como... ¿qué?

Justo ayer volví a ver el capítulo en el que solo queda un mes para la boda de Monica y Chandler. Phoebe conoce a un chico y, al hablar con ella, Monica se da cuenta de que ella no va a volver a tener esa primera vez con un chico.

«No volveré a tener una primera cita, no volveré a tener un primer beso, no voy a volver a sentir esa sensación».

«Pero tendrás un último beso», dice Phoebe.

Primero, Monica da por hecho que Chandler es el definitivo: amor romántico, pensamiento tradicional. Es posible, pero no tiene que ser siempre así, y más en los tiempos que corren. ¿Nos beneficia ver ese tipo de romanticismo?

Hay algo dentro de mí a lo que le encantaría que esta relación fuera la definitiva. Y si no tengo que volver a sentir esa sensación, me da igual, la he vivido muchas veces, y hay otras más que experimentar tanto en pareja como en la vida. Con los amigos, con el trabajo...

Pero me refiero a que esa idea del amor romántico de que solo hay una persona para cada uno, tu media naranja, tu alma gemela, el amor de tu vida, tu persona. Honestamente, es un pensamiento precioso, pero creo que no nos hace bien.

Yo creo que Pepe es mi persona, y es cierto que nunca había sentido el amor como ahora; es lo que pienso ahora mismo y después de mis experiencias, pero todo puede cambiar. No puedo vivir pensando así. Hay que vivir el día a día.

Monica da por hecho que va a estar toda su vida con Chandler, que no va a haber nadie más. Tiene treinta y un años. A mí no me da miedo pensar que no va a haber nadie más, me la suda.

Aunque estamos hablando de un capítulo del año 2001, y una parte de mí se muestra de acuerdo con que está bien esa mentalidad. Si estás con alguien y ves tu futuro con esa persona, es normal que pienses así, pero ¿es algo bueno?

Mi pareja y yo hablamos de todo esto. Nos encantaría pensar que vamos a estar toda la vida juntos, pero es bastante improbable y difícil, y lo que nos mueve en una única dirección son los mismos proyectos. Nos dedicamos a lo mismo y sentimos mucha pasión por ello; somos personas que queremos tranquilidad y, honestamente, veo que esto puede funcionar, pero no me quiero ilusionar y poner toda mi felicidad en ello. No tienes que poner toda tu felicidad en una sola cosa, no solo un foco en una dirección, y mucho menos en una persona. Ese es el apego, el gran error.

Me ilusioné tanto cuando empezamos, fue tan mágico lo que sentí, lo que sentimos, y como surgió todo que mi apego ansioso apareció casi desde el minuto uno.

Fue un año difícil. Yo todo el rato con miedo a perderle; él pasando una época de cambios en su vida. Yo, sin querer, presionaba, exigía, quería tener el control de todo, con miedo y agarrando para que no se fuera. Y le quería, mucho, pero no bien.

Agarraba a ese padre que se fue y me abandonó. Una niña pequeña y desamparada: así me sentía.

Él se sentía menos fuerte y no puso límites. No los teníamos en la relación. Había muchísimo amor, pasión y admiración, pero como he explicado antes, basándome en el libro de Walter Riso, no es suficiente con amar.

Después de varias conversaciones y de que yo intentara cambiar de un día para otro, cosa que no suele suceder, sí que estuvimos separados ese poco tiempo, como ya os he contado.

Seguí yendo a terapia, como aún ahora, pero continuaba repitiendo los mismos patrones de comportamiento. Que conste que, en la fase de ahora, estamos bien, más sanos, vamos a terapia por separado, nos comunicamos… Ha habido un cambio grande. Y que conste también que yo me echaba la culpa de todo y una relación es cosa de dos. No podía echarme toda la carga a mis espaldas porque no avanzo y resulta frustrante.

Cada uno tiene que encontrar lo que no está bien y no le permite ser feliz en su vida para avanzar y tener una relación sana consigo mismo y en pareja.

Con todo el amor que había, ¿por qué no funcionaba? Yo me castigaba y me echaba toda la culpa. Otro fracaso, otra decepción…

Con mochila de culpa no se avanza.

«Confía en la vida».

«Si tiene que ser para ti, será».

«Lo que no es para ti, ni aunque te pongas. Lo que es para ti, ni aunque te quites».

Todas ellas frases célebres de mi psicóloga y de mis amigos…

Esa hostia de realidad hizo que ya me pusiera en serio. A veces es la única manera de aprender. Y no hablo de una hostia física. La violencia no es el camino. Hablo de que el universo y la vida son sabios… Tenía tantas herramientas que no usaba: sentía que ya empezaba a encontrarles una utilidad. Ya estoy haciendo las cosas de manera diferente.

Todas las personas llevamos una mochila a cuestas en nuestras relaciones. No todo es perfecto. Hay que haber trabajado mucho y estar en un buen lugar con uno mismo para que la relación se acerque lo más posible a la perfección.

Hay muchos factores que hemos analizado juntos y por separado de por qué esa relación que iniciamos estaba destinada al fracaso, a pesar del amor y la pasión.

Yo lo veía venir, ya que no paraba de boicotearla…

Mi autoestima no es precisamente alta, así que ese miedo a que apareciera alguien mejor que yo era constante. Pensaba de manera negativa sobre mí misma. No voy a negar que ahora mismo sigue apareciendo esto, pero lo identifico, respiro y confío. Me miro al espejo y me digo: «No hay nadie como yo». Bueno, en realidad, lo habré hecho dos veces. Voy ahora mismo al espejo a decírmelo. Ve tú también. ¿Ya? ¿Cómo te sientes? A mí me cuesta creérmelo, pero somos seres únicos, y él, al menos ahora mismo, me ha elegido a mí. Y yo me tengo que elegir a mí.

Sin embargo, es algo insufrible para los involucrados vivir con ese miedo constante a perder a alguien, a fallar.

No escucharse, la falta de comunicación, el hecho de querer estar juntos todo el rato y no priorizar tus necesidades (apego); la desconfianza, por mi parte, que me viene de antiguas relaciones y no estaba sanada del todo; la desconfianza por su parte, que también arrastraba de antiguas relaciones. A todo ello hay que sumar también la falta de amor propio, la inestabilidad laboral…

¿Por qué os cuento todo esto?

Porque somos conscientes y hay que trabajar. Le he dado siempre muchísima importancia a las relaciones, y esta no iba a ser menos, pero *stop*. No podía seguir de esta manera, porque no me hacía bien, porque priorizaba a la otra persona antes que a mí, por la necesidad de control, por mi apego…

Merece la pena luchar. Por uno mismo y por el amor, por un amor sano, que no perfecto, aunque no hay que luchar a toda costa. No puedes olvidarte de ti ni poner toda tu felicidad en el otro. No puedes ponerle esa carga a él o ella y tampoco puedes hacerte algo así a ti misma. Tu pareja, esté el tiempo que esté en tu vida, no puede ser el único motivo de tu felicidad.

Si un día se acaba tu relación, no debes rendirte. Hay personas que vienen a cumplir un propósito en tu vida. Para bien y para mal. Todo tiene un principio y un final, y muchas personas pasan por nuestra vida: algunas se quedan más tiempo, otras menos, y de muchas de ellas deseamos que estén toda la vida y nuestro final juntos sea cuando muramos, porque es lo que hemos visto en las pelis y así funcionaba antes. Familiares o incluso padres que seguían juntos porque había que aguantar, siendo infelices y desdichados, tratándose mal..., contra viento y marea. ¿Qué sentido tiene eso?

Hay que luchar, sí, pero hasta cierto punto.

Tampoco idealicemos todo lo que vemos en las redes sociales. Una relación no es sana por arte de magia.

No hay solo una manera de hacer las cosas, ni tampoco un único tipo de relación.

Y yo te pregunto: ¿Cómo quieres que sea tu relación?

Sea como sea, la base tiene que ser el respeto y la comunicación. No la descuides y no te descuides a ti. Eso nunca. No dejes que vuelva a pasar. Tu foco a tu persona.

Hoy, dejo por escrito que ME PERDONO. Siempre he intentado hacer las cosas lo mejor que he podido y nunca he querido herir a nadie.

Me perdono y me abrazo. Me merezco amor y respeto, y yo voy a dar a cambio AMOR Y RESPETO.

Me he basado solo en el amor de pareja, que es el que más me resuena y el que más quebraderos de cabeza da. Ojalá hubiéramos nacido con un libro de instrucciones bajo el brazo, pero también cada pareja es un mundo.

AMOR a la familia, a tus amigas, a tu perro. Amor a la gente buena que se merece tu amor. No quiero que esto parezca la Biblia, pero si amáramos más, ¿no estaría el mundo en más armonía?

Amarme a mí, amar a mi gente. Amar al prójimo, ¿no? Y ahora pienso: ¿quién es mi gente?

He estado demasiado tiempo encerrada en mí, en lo que me pasaba, ensimismada, evitando estar con muchas personas, dedicando demasiado tiempo a las parejas, y entonces el círculo de amor, tu dedicación hacia tus amigas y amigos, se reduce (en Mallorca ya hace mucho tiempo. También me pasa en Madrid) hasta que te quedas sola. Por suerte, no he llegado a quedarme sola.

Las personas siguen su camino, no te llaman, no llamas. Ya no formas parte de su vida. Solo queda agradecer los momentos divertidos y bonitos que vivimos y aceptar que esas personas ya no están en tu vida.

Lo que más recuerdo son las risas.

Y cómo se lo agradezco a todos y todas con las que me he reído tanto.

Reír es la única salida, como dice Buenafuente.

Me sigue costando aceptar que eso es así e ir a Mallorca me recuerda que muchas personas ya no están.

Es que he ido a Mallorca hace poco y siempre vuelvo con una sensación extraña.

La nostalgia entra fuerte, y eso que ya se supone que he aprendido a no vivir en el pasado…

Con las amigas de siempre, también siento esa lejanía. Unas son madres, otras viajan, cada una tiene su destino y su camino, y vivir en otra ciudad no ayuda.

Cada vez cojo menos aviones a Mallorca porque espero esas ganas, como las de hace años, de verme y de pasar ese rato conmigo. De esas risas y de sentirme en casa. Mi ego quiere atención, pero de gente que me importa.

Cada vez son más cortos esos ratos y más complicados de encontrar, pero me sigo sintiendo en casa con ellas.

Las buenas relaciones hay que cuidarlas. Amor del bueno.

Epílogo
Vive y deja vivir

Y RÍE MUCHO

Aquí sigo, avanzando y esperando que los próximos golpes que vengan pueda aceptarlos y relativizarlos. Y no. No todos son golpes. El drama para el escenario, por favor.

Todo siempre se achaca a la pérdida tan temprana de papá, a momentos difíciles de la infancia, a una carrera repentina siendo tan solo una adolescente, a parejas tóxicas, a la inestabilidad laboral y a cómo funciona el mundo.

El mundo está enfermo: las guerras, la falta de empatía, las agresiones a mujeres, el dinero… Es muy difícil vivir en paz en un entorno que va tan rápido y también resulta muy complicado mirar hacia otro lado. Yo nunca he sido capaz de hacerlo: las injusticias que suceden a mi alrededor, en mi profesión, en la que los hombres con poder que se aprovechan de chicas que solo quieren cumplir sus sueños; el hecho de que tener más seguidores te haga ser más importante; el racismo, la homofobia, el odio... La crueldad del ser humano parece no tener límites y duele, duele mucho.

Pero sé que hay esperanza y que el mundo está cambiando, y los jóvenes de ahora se están dando cuenta de lo que no hay que repetir. No todos, tristemente, pero cada vez más gente. Parejas que educan a sus hijos en la igualdad, jóvenes que alzan la voz y protestan en contra de la guerra, las injusticias y la homofobia. Protestamos porque queremos un mundo mejor. Protestamos porque no queremos que se sigan matando toros en las plazas. Protestamos porque queremos una sociedad feminista.

Un individuo no puede cambiar el mundo entero, pero por algo se empieza. Y se empieza por cambiar nuestro alrededor. Sonreír al cajero del supermercado, a la dependienta de la tienda donde vas a comprarte unos pantalones, desearles un buen día, dejar una propina a un camarero o camarera que se rompe los cuernos trabajando, al igual que intentar que tratar bien al cliente en tu trabajo (aunque entiendo que algunos maleducados no se lo merezcan), recoger la mierda de tu perro, reciclar, cuidar nuestro entorno, decirles a nuestros seres queridos que les queremos, también a nuestros amigos y amigas, no hablar mal de los demás, no querer ser mejor que nadie, pero tampoco sentirse inferior a los demás. Respetar y respetarse.

Deberíamos llevar tatuada la palabra «respeto». Respeto a las mujeres, a los animales, al colectivo LGTBIQ+...

VIVE Y DEJA VIVIR.

El mundo entero está aprendiendo (quien quiere aprender) tolerancia y respeto, por los demás y por uno mismo. Seguiremos cometiendo errores, pero hay que permitírselo. Hay que perdonar los nuestros propios. No somos seres perfectos.

No hay que preocuparse tanto por la perfección, pero sí poner atención.

No hay que ser perfecto, hay que ser total.

Intentar siempre ir el por el camino correcto, que es el de la tolerancia y el respeto.

Me repiten una frase cuando siento que algo está yendo mal: TODO ES PERFECTO COMO ES.

Cuesta creerlo, pero entiendo el sentido y por qué se me dice. Hay que aceptar la vida como viene y si no te gusta algo, poner atención y trabajar para cambiarlo, pero ACEPTAR para poder seguir.

No creo solo en una manera de ver la vida, ni en un dios, pero si en un destino y en que cada persona ha venido a este mundo con un propósito de vida.

¿Sabes ya cuál es el tuyo?

YO SÍ.

Sigo trabajando para romper mi ego, para poner estructura en mi vida, para no vivir en carencia. Me centro en la ocupación y no en la preocupación; en el perdón a una misma, los límites, el apego. Me escucho, aprendo a decir no, a tener más fuerza de voluntad, a liberarme de la tristeza.

Me lo repito como un mantra: «estoy libre de tristeza».

«Esta tristeza *no es mía*».

Y me perdono y entierro la culpabilidad por no haber hecho las cosas de forma diferente cuando he creído que lo he tenido que hacer.

Gracias a toda la gente que ha pasado por mi vida y perdón si os hice daño alguna vez. Perdono a los que me hicieron daño también.

Este año estoy creando una personalidad más consciente y positiva, para tener menos miedo. Con este libro quiero transmitir y ayudar y he querido ayudarme a mí.

Estoy aprendiendo a no controlarlo todo.

A ser menos impulsiva.

A entender que lo principal es llevarme bien conmigo.

La soledad ha sido siempre mi rival porque no me gusta estar conmigo, y escribiendo este libro, y en otros momentos que la vida me ha puesto por delante, intento estar mejor cuando no estoy en compañía de ningún ser humano.

Deseando encontrar mi lugar seguro, sin necesidad de nadie. Allá donde vaya, saber que me tengo a mí. Después, ya vienen los demás.

Estoy orgullosa de mí, de darme cuenta de las cosas, de mis ganas de seguir aprendiendo, como persona y como actriz, de la pasión que le pongo a mi trabajo, de pensar en los demás. Estoy orgullosa de haber escrito este libro y orgullosa de la mujer en la que me estoy convirtiendo.

Mi alma ya no quiere más miedo, más apego. Mi alma quiere ser LIBRE, como cuando me subo al escenario.

¿Tú cuándo te sientes libre?

Haz más de eso que te haga sentir libre.

Y mi recomendación, sin ser yo psicóloga, es que NO tapes tu dolor. Déjalo libre también. Es la única manera de que pueda sanar.

Ponerle una tirita a una herida que está supurando no ayuda mucho a que se cure rápido. Consejo de amiga.

No quiero decirte que no tengas miedo. Es normal tenerlo. Reconócelo y mira de dónde viene. Acéptalo y no dejes de vivir por miedo. Hay tantas cosas que nos perdemos por el miedo…

Esto he querido escribirlo por mí y también para ti. Para los que lloran mucho y ríen a carcajadas. Para los que viven intensamente, para los que quieren vivir intensamente pero están presos de su miedo. Que puedas abrir tu jaula y volar. No estás sola, persona bonita. Todos tenemos miedo.

Gracias, gracias y gracias por acompañarme, y perdón si no he cumplido tus expectativas. (Ya estoy otra vez pidiendo perdón).

Nos vemos en los teatros. Allí es donde quiero vivir y morir.

Y recuerda:

VIVE TU BONITO DESASTRE

Agradecimientos

A la MTV, a Dave Grohl, Beyoncé, los Red Hot Chili Peppers, Michael Jackson, Xtina y Britney, a Tarantino, a Almodóvar, a Kate Winslet, Nicole Kidman, Carmen Machi y Candela Peña por inspirarme. A Lennon y McCartney, a los hermanos Gallagher, a Vetusta Morla, a ECDL.

A mi familia: mamá, Irene, tía Neus, tío Ángel, José Luis, abuelos (allá donde estéis), papá (por ser mi ángel de la guarda), a Pepillo, a mis amigas: Ainoa, Alba, Elena, Martha y Estefanía, y a mis otros amigos: Mónica, Rachel, Ross, Phoebe, Joey y Chandler ;)

A Elisenda, por ser mi maestra. A Natalia e Irina. A Marta Guerras y Esther Ortega, amigas que son guía y a las que admiro fuera y dentro del escenario.

Gracias a los que hacen pasteles y bollos sin gluten tan ricos.

Gracias a los que se atreven a mirar hacia dentro e ir a terapia.

A los y las que han confiado en mí en este camino. Gracias por las oportunidades que me habéis dado.

A Gonzalo Eltesch, por el cariño y la paciencia. Gracias al equipo de Penguin Random House por insistirme en escribir este libro/diario.

A los y las «LittleAngys», como se hicieron llamar en su momento, por seguir aquí. Hemos crecido juntos.

A todos y todas los que me habéis hecho reír.

Gracias a Blacky, Elvis y Noel, por el amor incondicional.

Gracias universo.

Contar con la ayuda de otros es un regalo precioso.